Música, educação e indústria cultural

FUNDAÇÃO EDITORA DA UNESP

Presidente do Conselho Curador
Mário Sérgio Vasconcelos

Diretor-Presidente
José Castilho Marques Neto

Editor-Executivo
Jézio Hernani Bomfim Gutierre

Assessor Editorial
João Luís Ceccantini

Conselho Editorial Acadêmico
Alberto Tsuyoshi Ikeda
Áureo Busetto
Célia Aparecida Ferreira Tolentino
Eda Maria Góes
Elisabete Maniglia
Elisabeth Criscuolo Urbinati
Ildeberto Muniz de Almeida
Maria de Lourdes Ortiz Gandini Baldan
Nilson Ghirardello
Vicente Pleitez

Editores-Assistentes
Anderson Nobara
Jorge Pereira Filho
Leandro Rodrigues

ANAMARIA BRANDI CURTÚ

Música, educação e indústria cultural

O LOTEAMENTO DO ESPAÇO SONORO

© 2013 Editora UNESP

Direitos de publicação reservados à:
Fundação Editora da UNESP (FEU)

Praça da Sé, 108
01001-900 – São Paulo – SP
Tel.: (0xx11) 3242-7171
Fax: (0xx11) 3242-7172
www.editoraunesp.com.br
www.livrariaunesp.com.br
feu@editora.unesp.br

CIP-BRASIL. CATALOGAÇÃO NA PUBLICAÇÃO
SINDICATO NACIONAL DOS EDITORES DE LIVROS, RJ

C987m

Curtú, Anamaria Brandi
    Música, educação e indústria cultural: o loteamento do espaço sonoro / Anamaria Brandi Curtú. São Paulo: Editora Unesp, 2013.

    Recurso digital, il.
    Formato: ePDF
    Requisitos do sistema: Adobe Acrobat Reader
    Modo de acesso: World Wide Web
    ISBN 978-85-393-0484-4   (recurso eletrônico)

    1. Indústria cultural – Teoria e crítica. 2. Comunicação de massa – Aspectos sociais. 3. Livros eletrônicos. I. Título.

13-04840   CDD: 306.4
                                                                   CDU: 316.7

Este livro é publicado pelo projeto *Edição de Textos de Docentes e Pós-Graduados da UNESP* – Pró-Reitoria de Pós-Graduação da UNESP (PROPG) / Fundação Editora da UNESP (FEU)

Editora afiliada:

Asociación de Editoriales Universitarias
de América Latina y el Caribe

Associação Brasileira de
Editoras Universitárias

Agradecimentos

Às amigas Aray e Silvia, por todos os incentivos, pelas comemorações que ainda faremos, pela intimidade que o tempo construiu e distância não desfaz.

A Marta e Gení, por terem sido professoras especialíssimas.

A d. Lidia, d. Ilda, Terezinha (Tera) e D. Maria, pelas palavras de inabalável ânimo. Ao José (Zezito) e à Rita, pela dedicação e humanismo cristão.

Meire e Vando, a presença e a voz de vocês têm cheiro de feijão feito na hora, casa onde o amor é o melhor alimento, resistindo ileso às nossas briguinhas. Por isso os chamo de *Mamis* e *Papis*, e telefono perguntando sobre remédios para o corpo e para a alma.

Aos amigos (*in memoriam*) de plena doçura, competência e alegria. Sempre festejando minhas conquistas. Dr. Alessandro (Lê) e Edenilson (Xuxa), com vocês aprendi que a vida deve sempre ser celebrada.

Aos amigos que incansavelmente transportaram a mim e minhas bagagens: sr. Oswaldo (*in memoriam*), Silvana, Vagner, Lenita, José Carlos e Silvia.

Ao Marcelo (Celô), pelo firme pacto em prol das artes e dos artistas, como chefe e amigo.

À Karina, guerreira de ideias, pela persistência e altruísmo necessários para cotidianamente materializar os ideais da Educação;

à Ângela: *"passarim* quis voar". E voamos! A Marilei e Anésia: pelo recorrente envolvimento em minhas chegadas e partidas.

A Mônica, Denise, Heloisa e Adriana: a amizade inestimável de cada uma, pela forma como enfeitam e alegram minha vida.

À Patrícia Maria, pelos cuidados que me oferece a cada dia.

À Beatriz (Bia) e ao Vladimir (Vlad): feliz reencontro após cairmos da mesma nave.

À Claudia, *personal trainer* que virou amiga e *"personal* tudo"!; à Denise (Bebedouro), cujo divã ajudou a encarar a dor e a delícia de viver.

A todos àqueles a quem – em qualquer década, adultos e crianças – dei aulas de Música. Mergulhamos juntos num conhecimento que transforma alunos e professores em amigos.

Aos médicos que me auxiliam a equilibrar tempos de trabalho e repouso, pela disponibilidade, acuidade, competência e pelos cuidados.

À equipe do Projeto Guri da Regional de Ribeirão Preto – em especial aos colegas do delicioso e ousado naipe de coral e aos do Pólo de Monte Azul Paulista –, nas vitórias cotidianas, pela qualidade partilhada na luta de quem acredita na música e nas pessoas, e faz o melhor trabalho para unir uma às outras.

Aos excelentes professores da graduação. Em especial à Lucy Mary: com você o primeiro passo, o mais importante e mais difícil; Nelson: para delinear hipóteses, instigantes conversas com um sociólogo pianista; Luci Mara: cantar, tocar, procurar república, estudar na escrivaninha que você me deu, ter você numa permanente e antológica banca em defesa da vida.

Na hospitalidade de amigos, por causa das viagens para estudo, Patrícia (Paty) e Conceição: pelo impasse maravilhoso entre dormir numa cama macia ou desfrutar de inesgotável conversa.

Encontros acadêmicos que trouxeram fôlego. Alexandre: na pródiga hospitalidade risadas, altos papos, choros, canja de galinha e gráficos para os dados; Maurício: com você aprendi que é a generosidade (compaixão!), e não o brilhantismo, que livra os homens da mediocridade. Sua maravilhosa tese é só um prolongamento do seu jeito de ser. Carolina (Carol), Ademilson, Isabela, Maria de Fátima, Arlete, Patrícia; por favor, extensão universitária para essas amizades.

À Fátima, por me lembrar de que posso usar palavras certeiras. Contudo, não encontrei as adequadas para lhe agradecer pela sua participação neste estudo. Vou continuar procurando-as e peço que espere me concedendo o bônus de sua companhia.

À Doraci (Dora): que a amizade com você e sua família seja sempre mais velha que os vinhos que tomarmos.

Ao José (Zezão), por estudar e fazer música com seriedade, simplicidade, prazer e alegria (*we play!*); por me lembrar do quanto a música me faz ser quer quem sou.

Ao CNPq pela bolsa de Mestrado. À Biblioteca da FCL-CAr, em especial Ana Paula e José: esclarecimentos e livros em ambiente acolhedor. À Lidiane (Pós-Graduação) e à Rosimar (Ciências da Educação): muito bom contar com vocês! À Editora Unesp pela oportunidade desta publicação. Aos envolvidos no trabalho que deu forma a este texto, em especial ao Marcos, pelas esclarecedoras correspondências.

À professora Dulce, cuja sensibilidade delineou a moldura para este livro. Acompanha e apoia a pesquisa desde "a gestação". A ela e aos professores José Carlos, Myrla e Paula: pela seriedade com que leram os textos e pela composição de bancas com firmeza teórica. Em especial ao professor Denis, pela exemplar orientação com conversas e leituras que tiveram liberdade para respirar e amadurecer; pela parceria em batalhas por acessibilidade. Nos primeiros dias de orientação disse: "Aqui ninguém diz por favor nem muito obrigado. Estamos juntos nisso". Minha admiração pela ética exercida com atos e palavras.

Aos entrevistados, às diretorias e equipes pedagógicas das duas escolas pesquisadas: transformaram a coleta em agradável colheita.

Aos professores de Educação Musical, em especial Claudia Helena, Daniel e Ana Paula, aos seus (nossos) alunos: que alcem voo cantando.

À Vera, minha querida irmã, revisora textual e existencial: clareando as ideias que vivo ou escrevo. Por permanecer ao meu lado quando me decido por um novo caminho e por todas as revisões feitas, desde a graduação até o texto final da tese de doutorado.

Aos meus sobrinhos: Rafael, pelo sorriso e abraço sempre abertos; Danilo, pelo companheirismo *Da Capo*, inclusive na "entrega solene" dos originais para esta publicação; Camila, pela doçura que sua infância me fez conhecer.

Aos meus pais *(in memoriam)*, Geraldo e Gilda, pelos corriqueiros exemplos de honestidade, desprendimento material, amor ao conhecimento e à arte.

A Jesus, porque em três páginas de agradecimentos vejo o quanto estive acompanhada num empreendimento que, enganosamente, se afigurava solitário.

A todos que participaram direta ou indiretamente deste trabalho, que torceram por mim e por ele. Agradecer é reconhecer a presença de vocês. Tomem essas palavras por abraço.

Sumário

Agradecimentos   5
Prefácio   11
Introdução   15

1 Teoria Crítica: escolher, encontrar ou reconhecer-se?   23
2 Da indústria cultural à industrialização da cultura: limites e alcances da Teoria Crítica   43
3 Padronização, repetição e conhecimento   57
4 Loteamento do espaço sonoro   87
5 Reflexões com conceitos fundamentais da Teoria Crítica   155

Conclusão   207
Referências   211

PREFÁCIO

Dulce C. A. Whitaker

O ensino de Música nas escolas secundárias do passado, que até os anos 1960-1970 se apresentava formalista e assustador para as crianças e adolescentes sem estudos musicais em outros espaços – ensino que desapareceu na voragem autoritária da Reforma de Ensino do governo militar imposta pela Lei 5.692/71 –, tinha ao menos o mérito de ensinar a cantar, formar pequenos corais (o orfeão da escola) e trabalhar a notação musical enquanto forma de comunicação passível de ser aprendida. Diluído em um vago e enigmático rótulo – uma área de ensino designada como Educação Artística –, foi rapidamente eliminado das grades curriculares.

Após quarenta anos de ausência, a Música enquanto conteúdo escolar está de volta. Motivo para celebrar?

Talvez... Convém, no entanto, ler antes o trabalho de Anamaria Brandi Curtú, que, como ela mesma evidencia, foi escrito com base na sua imersão na realidade estudada. Cantora e filha de cantora, impossibilitada de participar do mundo mercadológico em que a indústria cultural transformou a música popular, tornou-se professora de Música em escolas de sua cidade e registrou os processos de barbárie tecnológica em que se transformou a Educação Musical, pressionada pela imposição autoritária do sistema econômico produtor de mercadorias.

Estamos diante de um texto de alta complexidade. A autora sabe do que está falando: conhece bem o tema, já que vive as angústias de acompanhar a degeneração do gosto, a deseducação musical e aquilo que está chamando de "loteamento do espaço sonoro", fenômeno formado fora da escola, mas que acaba por contaminá-la.

Seu trabalho apresenta um diagnóstico do momento histórico atual – quando a indústria fonográfica, apoiada nos milagres da tecnologia, transforma definitivamente a música em mercadoria. Mas seu estudo não é feito de especulação ligeira ou denúncia inconformada e nostálgica. A pesquisa constrói um arcabouço teórico complexo, com base nos mais atentos intelectuais, teóricos e pesquisadores. Os filósofos frankfurtianos constituem seu ponto de partida. Anamaria, "embebida" de musicalidade (e por ela embevecida), mostra o vigor renovado da Escola de Frankfurt, cuja Teoria Crítica não se esgota em si mesma, mas abre caminhos para pensar a sociedade industrial nos diferentes momentos do capitalismo. Especialmente diante da avassaladora força da globalização dos mercados que deu um novo significado à questão da cidadania (afinal, os direitos mais importantes não são os do consumidor?), as amarguradas e pessimistas análises – principalmente de Adorno e Horkheimer – precisam ser retomadas.

E para quê?, se não precisamos mais delas, dirão os entusiastas da tecnologia e da barbárie que nos assedia por toda parte através da ideologia travestida de cultura.

Música ruim, comida ruim, quinquilharias *made in China* ou em quaisquer outros Tigres Asiáticos, que, produzidas com salários indecentes nos inundam de objetos inúteis... Desse conjunto de simulacros, Anamaria recortou a questão da música, talvez o exemplo mais gritante (literalmente) do assédio de que somos vítimas nos restaurantes, nos shoppings, nas praças e até nos táxis.

Partindo do panorama geral que domina o espaço sonoro, sua análise penetra finalmente o espaço escolar, para, através das categorias analíticas que a informam, melancolicamente descobrir ali a reprodução dos fenômenos perversos que desvendou na totalidade: o loteamento do espaço sonoro, com a imposição via tecnologia do que há de pior na produção da pseudomúsica – assédio constante aos nossos ouvidos, infantilização do gosto e submissão ao poder midiático, já que não se pode decidir com autonomia sobre aquilo que se deseja ouvir. E o que é chocante: não se adquire mais a musicalidade através de instrumentos musicais (a voz, o violão ou o piano, por exemplo). Fazer música é hoje baixar no computador (!?!?) os sucessos do momento. Aprende-se a ouvir e apreciar música como se aprende a usar os adereços e vestimentas que "estão na moda". Ou seja, através da imposição industrial.

A perversidade da ideologia exibe então seu poder, quando Anamaria chega ao espaço escolar. A escola seria o *locus* ideal para o combate a essa barbárie criada pelos simulacros de uma indústria ávida de lucros fáceis que trabalha para prolongar a infância do intelecto. Mas na inversão do processo (ideologia) os alunos não são vistos como vítimas – e sim como culpados: "Estamos ensinando a eles o que eles gostam".

Ora, se gostam é porque assim foram aculturados pelas imbecilidades da televisão e das multimídias. Não se devia ensinar a eles o que aprendem sozinhos, e – algo me diz – mais rápido do que os adultos. As contradições existem e não devemos ter medo de usá-las contra a ditadura sistêmica dos mercados.

Anamaria é uma guerreira e não se intimida com tão avassaladora dominação, conseguindo em sua práxis provar que, quando oferecemos às crianças e aos adolescentes o melhor da arte, eles sabem apreciá-lo.

E também não se intimida com o caráter elitista da crítica frankfurtiana. Contando com os aportes geniais de Canclini, que disserta sobre o valor das culturas populares, recorre ainda aos estudiosos da boa música brasileira. E mais: conta com seu bom gosto, sua sensibilidade e a poesia do seu cantar. Isso lhe permite ultrapassar as barreiras da Teoria Crítica. Se Adorno e Horkheimer não apreciavam a música popular e o cinema, é porque estavam encastelados dentro da fortaleza que precisaram construir para escapar ao assédio que então se iniciara e que até hoje não para de crescer com a multiplicação do monstro em inúmeras indústrias culturais.

Sem a *hybris* epistemológica, Anamaria pode ir além porque acredita na força da contradição e dá sua contribuição na luta contra essa barbárie, só aparentemente vitoriosa.

Se a música ruim, a comida ruim e os agrotóxicos teimam em nos envenenar, temos, em todo momento, movimentos sociais batalhando contra essas e outras imposições dos mercados.

Nunca foi tão intensa a luta a favor dos direitos humanos, na maior parte dos países que contraditoriamente (ou não?) participam da globalização dos mercados. Esperemos que um dia o direito à boa música seja incorporado por essa luta.

Mas não devo fugir ao foco! Leiam as instigantes análises do presente texto, com seus novos e criativos conceitos teóricos, e chegarão – cada um por seu pensar – a essa mesma conclusão.

Introdução

Hoje, nesta passagem de século, vemos este cimento – que unifica alicerces político-econômicos à produção da sociedade por atingir também seus estratos culturais – cada vez mais atuante em todos os domínios. A técnica moderna que cria e revoluciona constantemente instrumentos novos, dentre os quais o chamado ciberespaço, alia-se à agressiva globalização modelo único, tornando-se onipresente e oniatuante. Constitui-se a indústria cultural, portanto, cada vez mais, num tema inescapável para quem se interessa pela educação tanto em sentido estrito de ação no espaço escolar quanto no sentido amplo de força maior deformante que se exerce sobre todos em todos os momentos. (Ramos-de-Oliveira, 2002, p.137)

Com olhares trazidos da Filosofia da Educação e da Antropologia, tratamos algumas das questões sobre a padronização musical e seu uso pela indústria cultural. Nesta jornada os estudos do filósofo e músico alemão Theodor Wiesengrund Adorno nos serviram de bússola.

Trabalhando desde 1987 com música e educação, observamos uma lacuna na capacitação dos ouvintes, de modo geral, para a apreciação autônoma da arte musical, bem como para distinguir arte de entretenimento. Esta lacuna estaria relacionada a deficiências no aprendizado da música enquanto linguagem, deficiências estas, em grande parte, causadas pela padronização dos produtos de baixa qualidade artística destinados sistematicamente ao consumo das massas. Em relação à escuta de músicas padronizadas, diz Adorno (1999, p.66) que:

> [...] não conseguiremos furtar-nos a suspeita de que o gostar e o não gostar já não correspondem ao estado real [...] Ao invés do valor da própria coisa, o critério de julgamento é o fato de a canção de sucesso ser reconhecida de todos; gostar de um disco de sucesso é quase exatamente o mesmo que reconhecê-lo. O comportamento valorativo tornou-se uma ficção para quem se vê cercado de mercadorias musicais padronizadas. Tal indivíduo já não consegue subtrair-se ao julgo [sic] da opinião pública, nem tampouco pode decidir com liberdade quanto ao que lhe é apresentado uma vez que tudo o que se lhe oferece é tão semelhante ou idêntico.

Adorno atribui o consumo dos produtos culturais destinados às massas e o aprisionamento do gosto ao que chamou de semiformação. Contudo, antes ainda de apresentarmos melhor este conceito, convém alertar para o fato de que a submissão aos padrões da indústria cultural é diretamente proporcional ao grau de heteronomia dos sujeitos. Em tal condição, eles buscam uma autoridade para lhes dirigir as orientações estéticas, indicar-lhes como e com o que podem sentir prazer, numa heteronomia tanto de apreciação como de denominação do que se aprecia. Almeida (2004, p.27-8) nos permite uma análise objetiva nesse sentido, a partir do que chamou de infância cultural:

> Infância cultural: metáfora que uso para um conjunto de estados sociais e psicológicos, tais como: interação com produtos da indústria cultural de maneira singela, repetitiva. A necessidade de sempre ver/ouvir o mesmo; absorção imediata e ingênua das novidades culturais, principalmente as de grande divulgação, e o consequente abandono quando a estimulação mercadológica

diminui e a moda passa; rejeição às coisas da cultura que demandem esforço de entendimento, sensibilidade, ou atenção, como filmes ou textos considerados difíceis ou complexos; insegurança e medo ante objetos da cultura que não se apresentem já legitimados e autorizados pelos produtores de opinião ou pelo mercado. Dificuldades em ter uma visão pessoal, levando à busca de juízos de autoridade ou a defender-se em conceitos opacos como: elitista, popular, moderno, pós-moderno, conservador, progressista, avançado, de vanguarda, atual etc., que produzem no usuário certa sensação de segurança intelectual.

Conteúdos de violência e sexo na TV e na internet têm sido objeto de preocupação de sociólogos e educadores. Acreditamos que a música deva suscitar para a Educação o mesmo cuidado, uma vez considerados os valores contidos na dimensão estética e que ficam implícitos/explícitos na linguagem musical. A indústria cultural oferece padrões musicais cuja hegemonia conduz a valores e comportamentos que, juntamente com outros fatores, favorecem a semiformação e a heteronomia.

Nosso estudo constatou que a difusão desses padrões utiliza o espaço escolar, beneficiando-se de uma visão ingênua dos educadores. Acreditamos que esta visão seja o reflexo da omissão generalizada dos governos, ao deixarem as indústrias culturais livres para produzir e distribuir bens simbólicos, com uma sistematicidade tal que estes, ao serem veiculados nos meios de comunicação de massa, se transformam também em meios de educação das massas. No relato abaixo o autor observa a dinâmica dos encontros internacionais a respeito de políticas culturais:

> O que aterrissa e o que decola nessas reuniões onde se trata das políticas culturais? Fala-se de pianistas que vão chegar e de pintores ou escritores que serão enviados, conversa-se sobre o patrimônio histórico que não deve ser mexido nem tocado e que começa a ser comercializado. Do que quase ninguém quer falar é das indústrias culturais. É como se há cem anos os presidentes se tivessem negado

a mencionar as ferrovias; há cinquenta anos, os carros, os caminhões e os tratores; há trinta, os eletrodomésticos ou as fontes de energia. O que se pretende ao excluir da esfera pública os recursos estratégicos para o desenvolvimento e enriquecimento das nações? Não há possibilidade de que os gigantescos lucros hoje obtidos com os usos industriais da criatividade cultural beneficiem as sociedades geradoras, além de permitir-lhes uma melhor compreensão e fruição de si mesmas, uma comunicação mais diversificada com um maior número de culturas? Sem dúvida, há razões políticas e econômicas para esse negligente descaso, típicas de um tempo em que governar se resume a administrar um modelo econômico que entende o global como subordinação das periferias a um mercado onipotente. Um tempo em que a política e a cultura – enquanto gestão das diferenças – são subsumidas na homogeneidade econômica. (Garcia Canclini, 2007, p.174-5)

Por isso, afirmamos também que os prejuízos resultantes na semiformação dos indivíduos, mediante a oferta de uma estética musical padronizada, têm escapado ao olhar dos educadores, uma vez que estes, de forma geral, encontram-se igualmente submetidos ao estado de audição regredida e de semiformação. Dado que a padronização musical atua como poderoso meio de comunicação e educação sobre ouvintes de diversos níveis socioeconômicos, diríamos que todos são atingidos pela padronização musical e pelos valores que ela divulga, na medida em que sejam pessoas com possibilidades de apreciação musicais mais ou menos refinadas.

A investigação do loteamento do espaço sonoro dentro do espaço escolar nos chamou a definir este último. Dessa forma, por espaço escolar, abarcamos tanto os acontecimentos formais (aulas) como os informais (intervalos, festas e comemorações, entrada/saída das aulas), entendendo que tudo o que ocorre dentro do processo de escolarização, seja intencional ou não, tem alguma forma de influência e de responsabilidade pedagógica.

Tendo sido constatada a sujeição da escola ao loteamento do seu espaço sonoro pela indústria cultural, de forma análoga aos espaços não escolares, nosso texto poderá beneficiar educadores, no sentido de terem uma visão mais clara da problemática por eles vivida e por nós levantada. Igualmente, poderá ser útil para preservar a escola dessa forma de assédio da indústria cultural, colaborando, assim, para uma educação mais ampla, culturalmente mais democrática e formadora de pessoas com o comportamento musical mais livre.

Entendemos a indústria cultural como um fenômeno do capitalismo moderno e o espaço escolar como um local potencialmente interessante para os que se beneficiam do lucro no mercado de bens culturais.[1] Contudo a influência do capital sobre o ensino nem sempre acontece de modo explícito:

> O capital, puro ou como mercadoria e mercado, tem moldado, constituído e integrado o ensino, às vezes com estardalhaço e outras, as ocasiões talvez mais perigosas, subterraneamente, imperceptivelmente. Exerce um encanto a que tudo invade. (Ramos-de-Oliveira, 2001a, p.20)

A influência a que o autor se refere é acompanhada por um caráter de subjetividade, que envolve a produção e venda de materiais destinados à educação, estes descomprometidos com a repercussão ética dos valores estéticos sobre a educação, e comprometidos com o interesse do lucro. Igualmente a semiformação musical se dá por

---

1 A esse respeito, destacamos que a Lei Federal 11.769/08 torna obrigatório o ensino de música na educação básica. Na Seção 7 do Capítulo 4, "Timbres sintéticos e timbres acústicos", indicamos que foram encontrados nas escolas materiais didáticos que empregam timbres sintéticos, e trouxemos os resultados do teste de percepção dos professores sobre as duas formas de produção dos timbres (por instrumento acústico e por sintetizador eletrônico). Na Seção 3 do Capítulo 5, "Triângulo *versus* teclado eletrônico: a dimensão humana e concreta na percepção estética *versus* padronização e simulacro", fizemos considerações a respeito da utilização do timbre sintético na imitação de timbres originalmente produzidos por sons acústicos. Embora a abordagem deste tema não tenha se dado para uma discussão no âmbito da Educação Musical, como conteúdo curricular, pensamos que as considerações aqui feitas possam contribuir para a avaliação dos materiais didáticos e paradidáticos destinado à Educação Musical, que deverão chegar às escolas em função da referida lei.

elementos subjetivos, e, segundo nosso referencial teórico, um desses elementos é a padronização musical (Adorno, 1996, 1986). Precisamente, quando abordamos a semiformação, levando em conta os elementos subjetivos no fenômeno da padronização musical – abarcados pelo estudo do loteamento do espaço sonoro, e as suas repercussões psicossociais –, nosso estudo adquire a objetividade necessária, para tal abordagem, porque

> O fato de não podermos demonstrar com precisão como essas coisas funcionam, naturalmente não significa uma contraprova desse efeito, mas apenas que ele funciona de modo imperceptível, muito mais sutil e refinado, sendo por isso, provavelmente muito mais danoso. (Adorno, 1995, p.88)

Estudos no campo da Teoria Crítica e da Educação indicam a presença da indústria cultural no espaço escolar. Constatamos que uma das formas pelas quais a indústria cultural alcança as escolas é o loteamento do espaço sonoro, e isso ocorre sem que os educadores percebam, com nitidez, a complexidade e relevância deste processo. De modo que até mesmo produtos musicais produzidos especificamente para atividades musicais de forma geral, bem como para a Educação Musical de forma específica, são anunciados como música de boa qualidade, mas que, segundo os parâmetros de nosso referencial teórico, seriam qualificados como excessivamente padronizados, o que equivale a um demérito da sua qualidade artística.

O problema da padronização musical a que se refere nosso estudo é aquele que, pela ação pedagógica da audição musical, esta produz a regressão da audição, mediante os padrões musicais divulgados nos veículos de comunicação de massa, bem como a sistematicidade que encontramos nos modos de divulgação, aos quais chamamos de loteamento do espaço sonoro. Para o estudo dessas questões realizamos, no âmbito bibliográfico, um trabalho de compatibilização paradigmática, através do qual construímos a categoria de análise "loteamento do espaço sonoro" e cunhamos o termo que lhe dá nome. No âmbito da pesquisa de campo realizamos uma investigação qualitativa, de cunho antropológico, a fim de verificar e compreender as particularidades do loteamento do espaço sonoro no espaço escolar.

Definimos a ideia de loteamento como veiculação sonora com a utilização dos meios de comunicação e da mídia eletrônica, de modo que as massas ouçam sistematicamente os padrões musicais. Os elementos fundamentais do loteamento do espaço sonoro são: uso da tecnologia para atingir o ouvinte; audição involuntária (a música chega até o sujeito sem uma escolha deliberada em ouvi-la); inviabilização do silêncio[2] (pela ocupação do espaço/tempo, que poderia ser de silêncio, com sons de sinalização, que acompanham determinados produtos, serviços ou equipamentos); execução de músicas padronizadas e de fácil acesso nos meios de comunicação de massa (rádio, televisão, cinema e internet).

Torna-se apropriado, neste momento, pontuarmos os dois significados distintos – porém relacionados – que a expressão "loteamento do espaço sonoro" avoca em nosso texto. Nas seções em que realizamos o debate teórico, a nomenclatura adquire o sentido de fenômeno,[3] mas na pesquisa de campo o termo assume o sentido e a função de categoria de análise.

Dadas a complexidade e a subjetividade do estudo do loteamento do espaço sonoro e as suas repercussões psicossociais, procuramos compreender como a indústria cultural atinge o espaço escolar, se encontra barreiras, quais são, e como as supera. Dessa forma contemplamos a percepção dos sujeitos do espaço escolar. Como, e em que medida, educadores e educandos percebem o processo de loteamento, o que pensam sobre ele – ainda que, provavelmente, sem conhecimento nominal dele – e como interagem com ele; quais são os fatores/elementos que influenciam os sujeitos, facilitando ou

---

2 Não nos referimos à ausência do som, mas à não execução de músicas ou de sinais sonoros.

3 Motivo de trabalho intitulado "Loteamento do espaço sonoro: especificidades e repercussões de um dos fenômenos da indústria cultural hodierna na semiformação das massas", apresentado no VII Congresso Internacional de Teoria Crítica: natureza, sociedade: crises, Unicamp, 2010.

obstaculizando o loteamento do espaço sonoro nas escolas; se para os educandos a escola legitima os produtos da indústria cultural ou se é a escola que, ao consumi-los, é por eles legitimada; e quais são os critérios que os responsáveis pela escolha de repertório usam para selecionar as músicas executadas.

A tecnologia é componente fundamental para viabilizar o processo, estando presente em todas as situações de loteamento do espaço sonoro. Ela foi objeto de especial atenção, e, para tanto, observamos como os equipamentos eletrônicos foram usados no contexto.

Em relação ao tratamento teórico que envolveu o estudo do loteamento do espaço sonoro, autores não pertencentes à Teoria Crítica foram trazidos para ampliar o debate. Dessa forma, utilizamos os conceitos de Garcia Canclini (1997 e 2007) e Bourdieu (2007). Além deles, músicos contemporâneos que não se pronunciam como intelectuais vinculados à Teoria Crítica também contribuíram para o diálogo, na medida em que encontramos os pontos de convergência entre o que eles pensam sobre o fazer artístico, entre o que se manifestou em suas produções artísticas – segundo nossa interpretação – e entre a Teoria Crítica. São eles: Brito; Mello (2001), Wisnik, (1999), Gudin; Natureza (1994), Schurmann (1990), Medaglia (1988), Tinhorão (1986), Távola (1996),[4] Copland (1974). Pudemos assim enriquecer a análise pela experiência desses músicos e, ao mesmo tempo, aprofundar o alcance do nosso pensamento teórico.

De forma recorrente utilizamos citações. Elas se articulam com nosso texto e são chamadas à medida que as palavras dos autores nos pareceram sobremodo oportunas. Por tratar-se de um trabalho no campo da música e pela relevância das experiências musicais no nosso processo particular de formação, usamos em alguns capítulos epígrafes musicais, direta ou indiretamente relacionadas ao assunto tratado. As epígrafes foram chamadas de "devaneios musicais".

---

4 Embora não sendo músico, pelo trabalho como crítico de arte e divulgador da arte musical e pela pertinência das referências por nós utilizadas para este estudo, Távola foi incluído aqui na categoria de autores/músicos contemporâneos.

1
TEORIA CRÍTICA: ESCOLHER, ENCONTRAR OU RECONHECER-SE?

Meu[1] encontro com Adorno e a Teoria Crítica deu-se ainda na graduação em Pedagogia (2001-2003), quando abordei a relação entre música, educação e padronização no Trabalho de Conclusão de Curso intitulado *Elemento estético: a padronização na música pela indústria cultural*, e que recebeu tratamento pela Filosofia. Naquela ocasião, esbocei o conceito de "loteamento do espaço sonoro" e, ao fazer um levantamento bibliográfico, percebi a existência de pontos comuns entre os fundamentos da Teoria Crítica e o pensamento de alguns músicos e de alguns teóricos contemporâneos.

Tenho percorrido o tema da padronização musical desde a entrada na graduação, tomando como base minha prática musical anterior a este período. Professora de violão desde 1987, percebia que a maior parte dos meus alunos se interessava regularmente pelos produtos oferecidos pela mídia, no caso trilhas sonoras das novelas e músicas em evidência, muito executadas no rádio e na televisão, músicas estas que depois desapareciam, sendo sucedidas por outras que me pareciam muito semelhantes. No entanto, quando eu lhes apresentava uma canção de estilo diferente do que estavam

---

[1] Usaremos a primeira pessoa do singular, pela estreita relação com nossa história pessoal.

habituados a ouvir, e se esta apresentação fosse contextualizada – para tanto comentava a letra, associava a fatos do presente, indicava alguma passagem harmônica por interesse didático –, eles ouviam de bom grado, gostavam e muitas vezes demonstravam arrebatamento. Outras vezes íamos a alguma apresentação musical que eu ocasionalmente lhes indicava, que, embora não pertencendo ao estilo de música que lhes era familiar, recebia deles uma resposta que me parecia interessada.

Cantora e filha de cantora, tive desde cedo contato com alguns músicos e artistas diversos. Ainda criança perturbava-me comparar o nível técnico de músicos, concertistas e estudiosos que se empenhavam em divulgar seu trabalho, para conseguir apresentações com cachês muito menores que os recebidos pelos músicos em evidência na mídia e de habilidades musicais que, por ordem técnica, eu percebia como visivelmente inferiores às dos músicos da categoria anterior.

Além dessas situações, era eu mesma uma das musicistas que, com repertório de música popular brasileira tradicional,[2] numa cidade do interior de São Paulo, de 100 mil habitantes, mal conseguia trabalho como cantora, o que me levou a lecionar para obter remuneração.

Em 1999, no intento de divulgar meu trabalho como cantora, participei de um programa de seleção musical de âmbito nacional, *Novos Talentos*, promovido pela Rede Globo de Televisão, dentro do programa do apresentador Fausto Silva. As eliminatórias eram regionais, não transmitidas pelo programa, mas *flashes* delas iam ao ar nos telejornais das respectivas regiões. Classificada na fase eliminatória, um fragmento de aproximadamente quinze segundos de minha apresentação foi ao ar por três vezes e gerou para mim um sensível – e temporário – aumento de oferta de trabalho, de valor de

---

2 Existe uma discussão sobre a aplicação do termo "música popular brasileira". Usamos o acréscimo "tradicional" para designar aqui, pontualmente, os estilos musicais em que predominam o choro, o samba, o baião, o samba-canção e a bossa-nova – apesar da influência jazzística sobre ela –, ficando excluídos, apenas para efeito dessa referência, a música nacional com influências do pop norte-americano.

cachê, além de visibilidade na imprensa da cidade, além de muitas manifestações entusiasmadas de conhecidos meus. Telefonemas, flores e propostas de trabalho às quais eu aquiescia por razão financeira, mas lembro-me da sensação interior de humilhação. Como era possível que, após doze anos de trabalho, as pessoas passassem a me dar mais valor por causa de quinze segundos na televisão? Quinze segundos que em nada mudavam minha forma de fazer música, e que na verdade representavam a menor parte disso.

Eu estava indignada e intimamente menosprezava a capacidade de apreciação artística das pessoas que passaram a dar mais valor ao meu trabalho por causa dessa momentânea visibilidade na mídia. A isto se somavam outras questões: por que meus alunos, apesar do contato prazeroso com as músicas que eu lhes apresentava, não respondiam com uma efetiva mudança de comportamento, mas permaneciam comprando e ouvindo o mesmo repertório a que estavam habituados? Por que as pessoas valorizavam as músicas e os músicos que estavam em evidência na mídia, por que lhes eram tão receptivas?

Bourdieu, em *Esboço de auto-análise* (2005), vincula a escolha do objeto de estudo pelo pesquisador às problemáticas pessoalmente vivenciadas por este. Aponta que o olhar é tanto mais aguçado quanto mais experimentado e familiar lhe seja este objeto, sendo que o rigor científico está na precisão metodológica do estudo e não no distanciamento pesquisador/objeto.

Assim, uma vez na graduação, a Teoria Crítica me foi indicada para tratamento teórico das questões que eu trazia da minha experiência para o Trabalho de Conclusão de Curso. Recordo-me que, a um comentário dos professores de que "eu estava compreendendo bem Adorno", eu respondi que não. Era Adorno quem me entendia e explicava boa parte de minha vida. A leitura de Adorno me surpreendia frequentemente com a sensação de "isso aconteceu comigo".

Portanto minhas vivências musicais mais frustrantes na dimensão social foram elaboradas de forma inteligível e abrangente. Era um alento que uma teoria explicasse meu fracasso profissional como cantora, minha privação como apreciadora – eram muitos os eventos artísticos a que eu não tinha acesso por serem uma mercadoria que eu não podia comprar – e o conflito estético existente no campo da música entre o meu gosto musical e o de parte de meus amigos e alunos, os quais apreciavam quase que somente as músicas divulgadas na grande mídia.

Mas Adorno também explicou meus pequenos êxitos, episódios de fazer artístico que representam oásis de fruição estética na sociedade massificada. Êxitos que compuseram os motivos para eu me manter envolvida na pesquisa e no trabalho como educadora musical. Mesmo estudando fenômenos tão opressores como a padronização musical e o loteamento do espaço sonoro, experimentei a ruptura deles, ainda que em breves e fragmentados momentos, construídos por momentos de arte genuína no fazer musical com meus alunos, em escolas de ensino fundamental e superior.

Eu costumava apresentar algumas opções de músicas para os grupos escolherem. Uma delas foi a canção *Onde está você*, de Luvercy Rodrigues e Oscar Castro Neves. Os alunos – de segunda a oitava série do ensino fundamental – não só a escolheram como pediram para ouvi-la no CD repetidas vezes, com demonstrações de enlevo e arrebatamento. Lembro-me ainda de ter sido surpreendida quando duas alunas, recém-chegadas ao grupo de flautas doces, demonstraram familiaridade e quase total domínio do nosso repertório. Eram duas alunas residentes na zona rural, como praticamente um terço dos 64 alunos que compunham um grupo musical formado por coro, flauta doce, violão e algumas percussões. Mediante minha surpresa, responderam que, desde que entraram para o grupo, um aluno mais experiente lhes ensinava as músicas e ensaiavam com as flautas enquanto esperavam o ônibus escolar buscá-los na fazenda.

Os êxitos citados chamam a atenção para uma possibilidade altamente positiva em relação à massificação musical: a fragilidade da condição de semiformação, conforme encontramos no texto:

> [...] talvez possamos dizer que o mesmo esforço e determinação, que os homens empreendem para se deixarem enganar pelas fugazes satisfações da indústria cultural, que na verdade não o são, se

empregados na contramão das imposturas e dos logros, possam gerar, quiçá, espaços de vida e de formação. (Pucci, 2003, p.27)

Esta fragilidade percebida nas rupturas mencionadas justificaria a grandeza dos empreendimentos da indústria cultural a fim de manter cativos seus ouvintes, que, se por um lado lhes são tão economicamente rentáveis assim cativos, estão, por outro, muito próximos da autonomia. Isto indica que a semiformação, mesmo sendo um estado limítrofe, requer elementos para sua manutenção, uma vez que os aspectos humanos pertencentes à apreciação e ao fazer artístico se conservam latentes, e o homem – quando em contato com material propício à fruição – segue seu impulso natural em direção à autonomia, reflexão e transcendência. Conforme discorre Adorno (1986, p.146) no texto "Sobre a música popular", a força da vontade individual é ambivalente, podendo ser usada para submeter-se à massificação ou para revoltar-se contra ela: "Essa transformação da vontade indica que a vontade está viva neles, e que, sob certas circunstâncias, ela pode ser suficientemente forte para os livrar das influências que lhes foram impostas e que perseguem os seus passos".

Resgatei aqui o caminho que percorri para o encontro com a teoria, e a identificação que se deu entre ela e minhas experiências pessoais, o que – sobretudo em se tratando de etnografia – deve ser considerado.

Subjetividade do instrumento metodológico para um pensamento crítico e eticamente comprometido

Devaneio musical

Crer no que se cria
Ver o que não via
Ser onde a energia está
Êxtase alegria
Sonho e fantasia

> *Coisa boa de cantar*
> *Nada que só doa*
> *Tudo que se entoa*
> *Voa como a voz no ar*
> *Ave quando migra*
> *Corda quando vibra*
> *Tudo que nos diga vá*
> *Pra fazer a liga*
> *Da ideia ao fato*
> *Doce ato de criar*
>
> (Gudin; Natureza, *Doce ato*, 1994)

O valor objetivo dos significados subjetivos parece estar muito presente nessa canção. Contudo, os materiais musicais com finalidade didática, que encontrei nas escolas, não têm corda vibrando, pele percutindo. Apenas soam e simulam, numa audição entorpecida, anestesiada, regredida.

Fim do devaneio musical

A Teoria Crítica pratica, de forma explícita, certo juízo de valor, na medida em que fundamenta alguns de seus conceitos. Apesar de sabermos que tal postura está nas entrelinhas do nosso discurso, julgamos adequado explicitar nossa concordância em que a boa música deve atender a alguns aspectos, e em valorar positiva ou negativamente determinados processos e manifestações musicais.

Todavia, no exercício de fazer definições quantitativas acerca do caráter artístico de determinadas manifestações, deparamo-nos com o antagonismo entre a facilidade de definir teoricamente, de forma geral, o que é a arte e a dificuldade de dizer se algo específico é ou não arte, porque nossa subjetividade atua, podendo atribuir significados artísticos ao objeto analisado. Também é possível que, ao dirigir um olhar analítico, interpretativo e classificatório a um determinado objeto, percebamos nele elementos que pertencem à arte, mas que não se fizeram notar num primeiro olhar. Na complexidade do julgamento estético, entendemos que:

> Uma terceira "faculdade" deve mediar entre a razão teórica e a prática – uma faculdade que propicie uma "transição" do reino da natureza para o da liberdade e estabeleça a ligação das faculdades inferiores e superiores, as do desejo e as do conhecimento. A terceira faculdade é a do julgamento. Uma divisão tripartida da mente sublinha a dicotomia inicial. Enquanto a razão teórica (entendimento) fornece os princípios aprioristicos da cognição e a razão prática os do desejo (vontade), a faculdade de julgamento é a medianeira entre essas duas, em virtude do sentimento de dor e prazer. Combinando com o sentimento de prazer, o julgamento é estético, e o seu campo de aplicação é a arte. (Marcuse, 1969, p.157)

Apoiando nossa preocupação sobre a necessidade de uma visão crítica e – por que não? – valorativa das manifestações musicais, encontramos sínteses de pesquisas em neuropsicologia no campo da música[3] que corroboram o pensamento de Adorno sobre o efeito pedagógico da audição musical. Essas pesquisas, ao estudarem os efeitos da audição musical nos indivíduos, agregam significativos dados de objetividade para nossos argumentos.

A respeito da padronização aqui tratada, conforme estabelecemos na Introdução, observamos que cada estilo musical conserva sua riqueza à medida que conserva também as variações, no uso dos seus elementos característicos. Já os produtos da indústria cultural conservam somente os elementos mais marcantes ou os padrões estereotipados do estilo original. Quando esses produtos são divulgados na mídia, soam de forma semelhante a um dos estilos de arte oriunda do povo, mas não passam da mera reprodução dos padrões musicais básicos, sem oferecer as variações de elementos matizados

---

3 Sínteses dessas pesquisas e a relação delas com o pensamento de Adorno estão apresentadas no Capítulo 4, "Loteamento do espaço sonoro".

que compunham a riqueza do estilo original.[4] Desse modo, pensamos que nem tudo o que se classifica como estilo é consequência da evolução musical por um processo histórico de criação artística, mas pode ser a derivação por padronização, mediada pela indústria cultural. Esta mediação industrial e essa descaracterização da arte foram dois dos nossos parâmetros para avaliar e valorar os estilos musicais, sobre os quais se lançou nosso olhar.

Para termos a indicação de que estávamos diante de música padronizada, também utilizamos comparações referentes ao comportamento dos ouvintes de determinados estilos, no sentido de detectar os processos de reconciliação forçada, e de adesão à massificação. Esses processos se evidenciam na conduta histérica dos ouvintes, em um comportamento que Adorno e Simpson (1986, p.146) comparam a insetos nervosos (*jitterbugs*, os frenéticos do jazz): "Para ser transformado em inseto, o homem precisa daquela energia que eventualmente poderia efetuar a sua transformação em homem". Interpretamos que, quando os sujeitos aderem às massas, a vontade necessária para a autonomia e a liberdade é usada na mesma intensidade, porém perversamente, no processo de abandono e de negação de si.

O instrumento pelo qual fizemos a avaliação da mediação da indústria cultural na recepção e padronização musical foi nossa experiência como ouvinte, musicista e educadora. É verdade que esse instrumento pode ser questionado e, para comprovar o rigor metodológico de nossas avaliações, seria necessário fazer uma descrição histórica e objetiva do uso objetivo e subjetivo dos elementos estéticos de cada estilo musical avaliado, o que seria trabalho de pesquisa

---

4 A exemplo disso, consideramos o pagode enquanto variação do samba de raiz um estilo musical da música popular, mas as canções dos grupos que contemporaneamente se autodenominam "pagodeiros" consideramos como resultado do uso padronizado de alguns elementos do samba-canção – sobretudo a divisão dos tempos dos compassos binários em grupos de oito semicolcheias em determinados instrumentos rítmicos – e não como um outro estilo pertencente à categoria da autêntica música popular. Um caso que ilustra os diferentes usos da designação de popular entre os folcloristas e os comunicadores do meio massivo, conforme Garcia Canclini (1997).

para uma vida toda, quiçá com uma equipe de pesquisadores. Neste aspecto, observamos uma situação bastante desigual entre o poder da pesquisa acadêmica em analisar os procedimentos da indústria cultural e o da indústria cultural em realizar a padronização.

A indústria cultural conta com um processo histórico que antecede a criação do seu conceito, em 1947, quando Adorno e Horkheimer o publicam na *Dialética do esclarecimento*. Se ela não tem uma equipe organizada de pesquisadores acadêmicos para desenvolver formalmente a padronização musical, tem o objetivo comum do lucro como unificador de interesses, sendo isso o bastante para levar os agentes musicais (produtores, compositores, intérpretes e criadores de softwares musicais) a atuarem utilizando o mesmo meio – a padronização – para o mesmo fim – o lucro. Acreditamos que, mesmo não contando com um arcabouço equivalente, não iluminar essa questão com a análise científica seria o mesmo que se omitir sobre ela, e isso equivaleria a legitimar a liberdade de atuação da indústria cultural no universo da subjetividade.

Se nossa pesquisa é ousada, é igualmente necessária por questionar um processo de danificação da sensibilidade (Ramos-de--Oliveira 2002, 2001b), ao mesmo tempo que questiona a tecnologia no tocante ao seu uso social, desenvolvida em paralelo – ou graças – à extrema instrumentalização da razão. Essa é uma lacuna da ciência para a qual reivindicamos a ação da sensibilidade artística somada ao pensamento reflexivo.

Admitimos certa limitação no que se refere à subjetividade do instrumento de avaliação usado para dizer o que se entende como música padronizada. Cientes disso, consideramos que esta pesquisa seja então apenas um empreendimento para utilizar o pensamento adorniano a fim de criar o conceito de loteamento do espaço sonoro, tendo em vista ser este a mais comum das formas pelas quais hoje a música se faz cotidianamente presente na sociedade massificada. Contudo, em relação a abordar o campo da subjetividade estética, o autor supracitado nos diz que:

Adorno analisou em profundidade várias modalidades de resistência artística [...] Quem não compreende o que é arte poderá compreender o que é desvirtuar a arte? Como resistir à indústria cultural e à sua consequente invasão semiformativa se não se atingiu a sensibilidade perante obras artísticas? (Ramos-de-Oliveira 2002, p.144)

É delicada nossa tarefa de empreender uma análise da subjetividade e da sensibilidade tendo nossa própria sensibilidade e subjetividade como instrumentos de avaliação, entretanto, o autor supracitado (2002, p.137) novamente nos respalda ao dizer que: "Não chega a compreender a força da indústria cultural quem não mantém um forte vínculo com as artes. Se não há sensibilidade, não se pode aquilatar o prejuízo da dessensibilização". Neste caso, subjetividade não equivale a imprecisão ou a falta de rigor científico.

Comumente, quando se trata de avaliar a qualidade artística, além de questionar a subjetividade também é levantada a questão da legitimação/deslegitimação de culturas segundo valores etnocêntricos. Entretanto, se entendemos o conceito frankfurtiano de *mass media*, via atuação da indústria cultural na criação de uma cultura para as massas, terminamos por admitir que parte do que hoje se classifica como estilos da música popular não tem uma origem legitimamente popular (Garcia Canclini, 1997), ainda que tenha se originado nas massas. A criação/veiculação do conceito de indústria cultural, em 1947, possibilitou maior clareza na diferenciação entre cultura de massas e cultura para as massas, e, por isso, levamos em conta que as massas de hoje introjetaram de tal modo os elementos estéticos da indústria cultural que toda a sua produção musical está de certo modo comprometida (Ramos-de-Oliveira, 2002, p.135-46).

Não questionamos a autenticidade e legitimidade social dos estilos musicais da atualidade, muitos deles engajados em movimentos sociais. A manifestação musical enquanto aparecimento legítimo de grupos sociais não está em discussão, mas sua qualidade artística, sim. Desse modo, a partir de Garcia Canclini (1997, p.41), apontamos a diferenciação entre objeto artístico e o seu processo de produção social do objeto artístico:

> Na perspectiva antropológica e relativista de Becker, que define o artístico não segundo valores estéticos *a priori* mas identificando grupos de pessoas que cooperam na produção de bens que ao menos eles chamam arte, abre caminho para análises não etnocêntricas nem sociocêntricas dos campos em que se praticam essas atividades. Sua dedicação aos processos de trabalho e agrupamento, mais que às obras, desloca a questão das definições estéticas que nunca chegam a um acordo sobre o repertório de objetos que merece o nome de arte, para a caracterização social dos modos de produção e interação dos grupos artísticos.

A discussão em que nos lançamos solicita que se considere também o processo social pelo qual determinado grupo se tornou grupo, e tudo o que, porventura, paralelamente ao seu processo de caracterização como grupo, lhe tenha sido socialmente negado no campo da cultura, da educação e da estética. Existem manifestações culturais incontestáveis, no que tange à sua legitimidade social, mas, ao pensá-las crítica e valorativamente, questionamos a validação da qualidade artística dessas manifestações quando elas se fazem representar por um universo musical artisticamente reduzido, e quando essa redução tenha se dado em virtude de um processo socialmente injusto, uma vez que

> As diferenças baseadas em desigualdades não se ajustam com democracia formal. Não basta dar oportunidades iguais a todos, se cada setor chega ao consumo, entra no museu ou na livraria, com capitais culturais e *habitus* díspares. Embora o relativismo cultural que admite a legitimidade das diferenças seja uma conquista da modernidade, não podemos compartilhar a conclusão a que alguns chegam de que a democratização modernizadora não deve manipular valores nem hierarquizá-los. Podemos concluir que uma política democratizadora é não apenas a que socializa os bens "legítimos",

mas a que problematiza o que deve entender-se por cultura e quais são os direitos do heterogêneo. (Garcia Canclini, 1997, p.156)

Além de considerar o surgimento de determinadas manifestações musicais, avaliamos também a desapropriação dessas manifestações. Com a atuação da indústria cultural, as músicas que surgem como produção de raiz popular, em muitos momentos, são separadas do contexto social de origem e se descaracterizam da prática folclórica ou popular: transformadas em produtos culturais segmentados na sociedade do espetáculo, custam mais caro e são acessíveis a poucos. A origem social não mais coincide necessariamente com a origem cultural. Ao contrário. Muito comumente a produção musical ligada à cultura genuinamente popular é feita também por aqueles cuja educação privilegiada possibilitou acesso a um universo musical agora economicamente restrito, uma vez que na sociedade massificada o retorno às origens existe em forma de bem de consumo e o mais barato não é necessariamente o artesanal, mas o industrializado em grande escala.

O popular não é monopólio dos setores populares. Ao conceber o *folk* como práticas sociais e processos comunicativos, mais que como amontoados de objetos, quebra-se o vínculo fatalista, naturalizante, que associava certos produtos culturais a grupos fixos. Os folcloristas prestam atenção ao fato de que nas sociedades modernas uma mesma pessoa pode participar de diversos grupos folclóricos, é capaz de integrar-se sincrônica e diacronicamente a vários sistemas de práticas simbólicas: rurais e urbanas, suburbanas e industriais, microssociais *mass media*. Não há folclore exclusivo das classes oprimidas, nem um único tipo possível de relações interfolclóricas, são as de dominação, submissão ou rebelião. (Garcia Canclini, 1997, p.220)

Devaneio musical

Isso também o disseram João Bosco e Aldir Blanc em 1977, antes do sambódromo – cordão de isolamento feito concreto para o Carnaval que já se havia transformado em espetáculo. O que teria dito Adorno a esse respeito?

Não põe corda no meu bloco, nem vem com teu carro-chefe
Não dá ordem ao pessoal
Não traz lema nem divisa, que a gente não precisa
Que organizem nosso Carnaval
Não sou candidato a nada, meu negócio é madrugada
Mas meu coração não se conforma
O meu peito é do contra e por isso mete bronca
Nesse samba plataforma
Por um bloco que derrube esse coreto
Por passistas à vontade, que não dancem o minueto
Por um bloco sem bandeira ou fingimento
Que balance e abagunce o desfile e o julgamento
Por um bloco que aumente o movimento
Que sacuda e arrebente o cordão de isolamento
Não põe no meu

(Bosco; Blanc, *Plataforma*, 1977)

Fim do devaneio musical

Se os diferentes grupos sociais produzem suas manifestações de uma determinada forma musical/estética utilizando seu repertório cultural, isso também nos remete à produção do belo na arte. A arte é linguagem. Sendo linguagem é cultural, portanto, em qualquer cultura podemos pensar em efeitos dessa cultura específica produzindo arte, mas, também, em elementos comuns a todas as culturas, que sejam considerados artísticos em todas elas.

[...] a transformação estética revela a tradição humana no concernente à história (Marx: pré-história) da humanidade inteira, acima de qualquer condição específica; e a forma estética responde a certas qualidades constantes do intelecto, sensibilidade e imaginação humanos – qualidades que a tradição da estética filosófica interpretou como a ideia de Belo. (Marcuse, 1973, p.88-9)

As manifestações se dão no campo da linguagem, que contém elementos da estética, o que nos faz pensar que linguagem e estética sejam um binômio inseparável na comunicação. Portanto, consideramos que negar a pobreza das manifestações musicais comprometidas pela massificação é negar também a pobreza que essas mesmas manifestações denunciam; é legitimar a desigualdade social ignorando a privação cultural. Lançar essa produção na mídia e reproduzi-la no universo do entretenimento é torná-la inócua, desviando dela o caráter contestatório e reivindicador, tornando-a neutra e assimilada indistintamente como mais um dos modismos musicais. Nesse sentido, notamos que os *hits* da música funk e do rap mais divulgados na mídia são os de maior apelo erótico e não os que narram os problemas sociais. Há um desvirtuamento dos movimentos. Adeptos do hip-hop, cujo estilo musical antecede o funk e o rap, denunciam essa descaracterização e reivindicam o retorno às origens do movimento:

> [...] me deparei com uma questão que para nós negros é extremamente preocupante. A falta de irmãos e irmãs negras usufruindo da atual situação em que o Movimento Hip-Hop se encontra. [...] vejo filósofos falando de um movimento "pluralista" SEM RAÇA, COR OU CREDO, que não se pode monopolizar a cultura pois o Hip-Hop é de Todos. Todos???? Pois te digo uma coisa o Hip-Hop tem cor sim! E essa cor é NEGRA, com Certeza! E nasceu pra tirar os negros e negras dos conflitos constantes que muitas vezes terminavam em morte. Hoje esse conceito "pluralista" na verdade faz de nós meros carregadores de piano enquanto outros grupos étnicos (brancos, japoneses) aparecem no cenário via mídia ganhando dinheiro explorando nossa cultura sem responsabilidade social com o grupo racial que desenvolveu essa cultura: NÓS NEGROS! [...] Cadê a juventude negra do Hip-Hop? [...] Talvez boa parte dessa juventude não se vê mais nesse movimento estando

sujeita a retroceder às ocorrências que fizeram o Hip-Hop nascer que é a violência, as drogas, a falta de perspectiva e identidade que fazem nossos irmãos e irmãs matarem uns aos outros... O que nos sobrou foi um Rap violento, sem solução, que incentiva o uso de drogas e a prática de delitos, e por outro lado um hip-hop que se diz underground que fala muito e não diz nada com nada, assuntos que os barões das gravadoras adoram pois a elas geram muitos lucros e a nós os prejuízos pela má assimilação desses temas. (OADQ, 2005)[5]

De certo modo é possível à música padronizada, originada nos grupos populares, ser libertária, se a análise partir da origem, do tempo/lugar social em que surge e da ação humana sobre os elementos estéticos disponíveis, bem como da aceitação e reconhecimento desses elementos como formadores da identidade de um grupo, refletindo sua problemática e também sua forma de diversão e diletantismo.[6] Mas, se a análise for feita em outra direção, a produção dessa música pode ser considerada como aprisionadora, dada a mediação da indústria cultural na produção, gravação e divulgação em massa. A indústria cultural se apropria dos estilos musicais que surgem, e os divulga de modo que representem uma imagem estereotipada do grupo social de origem, com uma linguagem musical simbolicamente descontextualizada e com padrões musicais cada vez mais reduzidos.

O comprometimento com a indústria cultural por parte dos artistas pode se dar tanto pela origem do material estético que utilizam nas suas criações como pela expropriação que a indústria cultural faz da produção artística deles, uma vez que é ela a quase absoluta agente de divulgação e veiculação (Ramos-de-Oliveira, 2002, p.135-46).

---

5 Retirado de um folheto de divulgação do movimento hip-hop.
6 Teixeira Coelho (1989b) alerta para a postura elitista de se exigir que os pobres sempre façam uma arte engajada, enquanto aos ricos se permite o diletantismo socialmente descompromissado. Schurmann (1990, p. 33) indica que a elite foi a classe que primeiro usou a música como puro entretenimento, numa fase em que ela ainda estava associada à produção agrícola, pela magia ou pela religiosidade.

A respeito de contextualizações adequadas para a apreciação estética das manifestações musicais, podemos pensar que a forma como ouvimos blues é em certa medida descontextualizada, e alienada até. Nós o fazemos em ambiente pacífico, remetendo-nos apenas por saber literário ao cenário do passado americano negro. Jamais presenciamos a dor tornada canção, dor da morte de um negro morto por um branco, que por ser branco estaria supostamente autorizado a matar negros. Dor cantada no funeral repleto de negros que sabiam não poder esperar por justiça ou punição, manifestação artística de algo que não podiam reivindicar legalmente, dor que para ser suportada se transformava em canção. Cantavam, talvez, não só pelo morto, mas por estarem todos potencialmente sujeitos à mesma morte. Percebemos a linguagem estética do contexto, ainda que sublimado em canção, nos elementos musicais: na *blue note* (nota bemolizada) que remete ao lamento, na escala pentatônica africana a negar o padrão musical europeu – mas que a ele se submete no espírito da junção forçada,[7] dolorida e conflituosa entre a música negra africana e a música branca de origem europeia praticada na América do Norte – na estrutura em que o uso do coro possibilita o pranto coletivo, como era/é o canto coletivo no cotidiano africano. Não é uma música apenas sobre a dor da morte, mas da morte no contexto da escravidão negra americana.

Se essa análise da representação dos elementos musicais do blues soa adequada, por que não fazer o mesmo com outros estilos? O processo de surgimento do rock a partir da expropriação branca do jazz no contexto da cultura de massa é assim indicado:

> A música viva tem, de fato, uma base autêntica: a *música negra* como grito e caniço dos escravos e dos guetos. Nessa música, a própria vida e morte dos homens e mulheres negros são revividas: a música é corpo; a forma estética é o "gesto" de dor, sofrimento, mágoa, denúncia. Com a sua encampação pelos brancos, ocorreu

---

[7] Lembrando que nessa adaptação o ouvido musical negro se depara com instrumentos europeus.

uma mudança significativa: o *"rock"* é o que o seu paradigma negro não é, mormente, *desempenho*. É como se os gritos e prantos, os saltos e o balanço, a execução, tudo tivesse lugar num espaço artificial, organizado; como se tudo se dirigisse a um *público* (favorável). O que tinha sido parte da permanência da vida, converte-se num concerto, um festival, um disco. "O grupo" torna-se uma entidade fixa (*Verdinglicht*), absorvendo os indivíduos; é "totalitário" no modo como subjuga a consciência individual e mobiliza um inconsciente coletivo, que permanece sem fundamento social. E à medida que a música perde seu impacto radical, ela tende para a massificação: os ouvintes e os cointérpretes numa plateia são massa fluindo para um espetáculo, uma *performance*. (Marcuse, 1973, p.113)

Adotamos uma análise sem o temor de sermos acusados de preconceito, para constatar a redução de elementos que ocorreu do jazz para o rock, do rock para o tecno, e do tecno a um subproduto seu denominado *pancadão* e, mais contemporaneamente, para o funk.

Adorno (1986, p.115-46 e 1999, p.65-108) já denunciava o jazz pelo seu potencial de redução de padrões, pela fetichização (Adorno, 1999, p.77-8), pela exploração exibicionista que seu uso como entretenimento realiza.

As manifestações culturais urbanas de hoje carregam a problemática das cidades. Ignorar isso em nome da neutralidade estética é ignorar também a opressão que afeta de maneira diversa os grupos sociais e, sobretudo, a miséria e a opressão – também estética – às quais estão submetidos. Mas, se há alguma riqueza em que o elemento humano se mostra, é pela persistência humana em dizer, em dar-se a ver, em criar uma aparição que, de algum modo, se manifesta em arte. Riqueza em dizer sem poesia que há falta de poesia, riqueza quando usa o dizer erotizado para buscar uma pseudogratificação imediata, indicando que o ser desejante sobrevive.

Novamente tomando o hip-hop por objeto de análise ilustrativa, percebemos que, no sentido da reflexão aqui iniciada, ele não nos soa como arte, mas podemos entendê-lo como superação – e, nesse sentido, transcendência – justamente da falta do que consideramos ser arte. Os desapropriados da sociedade que se apropriam da rua como espaço possível – espaço para estar e não apenas para transitar – desenvolvem, a partir da rua, um repertório gestual específico. Os movimentos que o corpo adquire na rua, pela intimidade do corpo com o chão, pela proximidade ou possibilidade da briga, pelo sentar-se na calçada ou na guia, exigem e oferecem um repertório gestual específico, forjado na interação entre corpo humano, espaço concreto da rua e códigos culturais trazidos pelo grupo que inicia o processo de apropriação da rua. Rua esta, lembramos, contemporânea: rua do concreto, do sol pela camada de ozônio esburacada, da fumaça, do barulho, dos carros, da violência e da multidão que permite e gera o anonimato.

As manifestações do que se chama arte de rua (movimentos corporais que muitos podem considerar deselegantes, o grafite nos muros, a música urbana, a dança de rua) receberam todas, em alguma medida, a ação humana e podem, enquanto manifestações artísticas, indicar a transcendência. Indicam a ação humana, sobretudo, pela necessidade – suprida – de construir os códigos estéticos, de por eles humanizar as relações, construindo um grupo cultural e reconhecendo-se nele por pertencimento.

Entendemos que existe arte quando há transcendência, imaginação manifesta, transformação do mundo dado, fruição, autonomia e interdependência entre a criação artística e o criador.[8] Na arte, estão unidos pela fruição, ainda que em direções diferentes, criador e apreciador. Neste viés, entendemos que, mesmo numa forma de expressão padronizada, perceber o homem nessa expressão é perceber a arte e perceber a arte é constatar o homem.

Podemos lembrar que os signos do belo, da subjetividade e da intersubjetividade de quem cria e de quem frui são forjados a partir de códigos compartilhados, socialmente construídos. Contudo, a construção social dos códigos delineia parte – mas não a totalidade – da dimensão subjetiva em que a arte se expressa. Uma parte dessa

---

8 No Capítulo 3, "Padronização, repetição e reconhecimento", teceremos alguns comentários sobre esta interdependência.

dimensão se conserva única para cada pessoa, de modo a permitir que cada sujeito receba da arte significados pessoais. Embora o conhecimento dos códigos estéticos compartilhados que orientam a arte seja importante fundamento para a recepção/interpretação, o que cada sujeito sente no processo de recepção/interpretação e fruição não diz respeito apenas ao consciente, e aí está a dádiva da arte: a de, pelos sentidos, comunicar-se com o homem integralmente, unindo sentimento e razão.

[...] se há no mundo diversidade e unidade de diferentes modos de existência sensível e no nível do corpo diversidade e unidade de sentidos, é porque há um só corpo, onde dois olhos veem, duas mãos tocam, onde visão e tato se articulam sobre um único mundo que vem ecoar nesse mesmo corpo. Em outras palavras, há entre corpo e coisa, entre meus atos perceptivos e as configurações das coisas comunicação e reciprocidade. E isto porque corpo e coisa são tecidos de uma mesma trama: a trama expressiva do Sensível. Nessas condições desenha-se em paralelo uma teoria da expressão corporal e uma estética, considerando-se que o ato de expressão, isto é, a instituição do sentido que encontra sua origem em nossa corporeidade será comparável à realização propriamente estética que instaura a arte. (Frayze-Pereira, 2003, p.14)

Na arte o artista nega o cotidiano concreto. Pode inspirar-se no cotidiano, como ocorre com a dança de rua, mas os dançarinos de rua não andam da mesma forma como dançam. Na dança seus corpos se movem de forma muito diferente de como o fazem no cotidiano. A poesia e o romance também nos oferecem um exemplo da diferença entre o cotidiano que inspira a arte e a arte inspirada no cotidiano. Um escritor não faz uma lista de compras para o supermercado e não escreve um bilhete doméstico da mesma forma que faz um poema ou um conto. Ainda que o escritor possa usar como tema para um poema algo trivial como uma lista de compras ou um bilhete doméstico, a escrita se concretiza na arte de forma diferente do cotidiano, incompatível com a necessidade instrumental deste. Essa incompatibilidade se mostra na ação humana, ação do artista que, conhecedor e vivente da realidade concreta e cotidiana, a transcende:

> Essa contradição nunca é "direta", imediata e total; não assume a forma de um romance, poema, quadro etc. social ou político. Ou, quando assume [...] a obra permanece comprometida com a estrutura da *arte*, com a *forma* do drama, do romance, da pintura, articulando, por conseguinte, a distância da realidade. A negação está "contida" pela forma, é sempre uma contradição "interrompida", "sublimada", que transfigura, transubstancia a realidade dada – e a transubstanciação desta. [...] Nesse universo, o destino do indivíduo (tal como é retratado na obra de arte) é mais do que individual: é também o de outros. Não há obra de arte onde esse universal não se manifeste em configurações, ações e sofrimentos particulares. (Marcuse, 1973, p.88)

A transcendência e a ação humanas são dois elementos essencialmente artísticos e estes elementos podem ser percebidos com mais facilidade por quem tem mais familiaridade com a linguagem artística e com os códigos estéticos da manifestação artística em questão.

Assim, tendo em vista as características de nosso campo de estudo e os referenciais teóricos adotados, encerramos a questão da subjetividade do nosso instrumento metodológico, afirmando que ela corresponde à qualidade necessária para dar precisão e rigor às nossas análises no campo da música e de suas repercussões psicossociais.

2
DA INDÚSTRIA CULTURAL À INDUSTRIALIZAÇÃO DA CULTURA: LIMITES E ALCANCES DA TEORIA CRÍTICA

Na atualidade a indústria cultural assume peso e espaço crescentes. Onipresente e atuante em todos os instantes e em todos os lugares, obriga-nos a refletir sobre suas velhas formas e a surpreender suas novas manifestações. (Ramos-de-Oliveira, 2002, p.135)

Se fôssemos estudar, pela Teoria Crítica, determinadas manifestações musicais contemporâneas, estas poderiam – grosso modo – ser classificadas de música de massa e, enquanto tal, causadoras e consequentes da semiformação e da regressão da audição. Contudo, um olhar mais atento e adequado à natureza do fenômeno poderia detectar nessas músicas – e nos respectivos movimentos estéticos que as encerram – as mesmas ocorrências do fazer artístico, reflexão e transcendência que a Teoria Crítica reivindica para a categoria das artes. Possivelmente poderia, ainda, constatar a apropriação da indústria cultural[1] na assimilação dos movimentos estéticos, da mesma forma como faz para transformar em mercadorias diversas criações artísticas.

---

1 Ver Capítulo 1, "Subjetividade do instrumento metodológico para um pensamento crítico e eticamente comprometido".

Nesse aspecto foram as ideias de Garcia Canclini (1997), a respeito da hibridação entre o culto e o popular na contemporaneidade, que nos permitiram abranger teoricamente o objeto de pesquisa de forma apropriada ao contexto em que ele está inserido. Segundo Garcia Canclini, os bens simbólicos produzidos atualmente sofrem influências diversas, cuja complexidade solicita um novo parâmetro para o estudo das artes: "Há uma mudança de estudo na estética contemporânea. Analisar a arte já não é analisar apenas obras, mas as condições textuais e extratextuais, estéticas e sociais, em que a interação entre os membros do campo gera e renova o sentido" (Garcia Canclini, 1997, p.151).

Quando Adorno e Horkheimer conceituaram "cultura para as massas", a indústria cultural atuava prioritariamente na música e no cinema. Na contemporaneidade esta atuação se modificou, justamente pelos desdobramentos da indústria cultural na geração de bens simbólicos, pelo que Garcia Canclini (1997) usa na forma ampliada a expressão "indústrias culturais" para especificar a atuação de ações específicas, em campos culturais específicos, campos estes que extrapolaram a música e o cinema.

Assim, julgamos adequado acrescentar ao conceito de "cultura para as massas", segundo Adorno e Horkheimer (1988), alguns dos principais conceitos que em Garcia Canclini (1997) elucidam o hibridismo cultural e o entrecruzamento dos campos culturais. A criação do termo indústria cultural, trazida a público quando Adorno e Horkheimer, em 1947, publicam a *Dialética do esclarecimento*, foi um marco paradigmático para os estudos sobre arte, cultura e educação em geral. Atualmente, para avaliar a amplitude dessa indústria cultural, a partir do mesmo princípio que permitiu a concepção original do termo, foi necessário utilizarmos o conceito de "industrialização da cultura", oferecido por Garcia Canclini. Desse modo, entendemos que hoje, além de manter-se uma produção específica de "cultura para as massas", toda a cultura, de modo geral, está, em alguma medida, potencialmente sujeita à industrialização.

A noção de *indústrias culturais*, útil aos frankfurtianos para produzir estudos tão renovadores quanto apocalípticos, continua servindo quando queremos nos referir ao fato de que cada vez mais bens culturais não são gerados artesanal ou individualmente, mas através de procedimentos técnicos, máquinas e relações de trabalho equivalentes aos que outros produtos nas indústrias geram; entretanto, esse enfoque costuma dizer pouco sobre *o que* é produzido e *o que* acontece com os receptores. Também ficam de fora do que estritamente essa noção abrange, os procedimentos eletrônicos e telemáticos, nos quais a produção cultural implica processos de informação e decisão que não se limitam à simples manufatura industrial dos bens simbólicos. (Garcia Canclini, 1997, p.257)

Associado à industrialização da cultura, há o hibridismo entre o popular e o culto e o cruzamento dos diferentes campos culturais, cujos universos simbólicos se comunicam, se alimentam e atingem novos campos. É o caso do filme que vende música, que se transforma em roupa, em moda e em grife. É também o caso do ator que, dando nome a uma marca, se torna produto (cosmético, bebida, alimento ou outros). Esses bens materiais, carregados de simbolismo, podem até mesmo se transformar em bens meramente simbólicos: jeito, gesto e comportamento.

Todas essas nuances da problemática da pesquisa só puderam ser percebidas a partir de determinados fundamentos da Teoria Crítica, e, por isso, a convidamos para ser o instrumento paradigmático com o qual tratamos o objeto de estudo. Nesse sentido, o que prioritariamente nos interessou foram os fundamentos da teoria, na medida das potencialidades que tais fundamentos encerram. O que exploramos para compreender nosso objeto de estudo foram as potencialidades dos fundamentos.

Assim, por ilustração, o que fez sentido, para nós, ao tratarmos nosso objeto de estudo com o conceito de padronização formulado por Adorno foi precisamente o desenvolvimento e o desdobramento das potencialidades desse conceito, manifestas no nosso objeto de estudo, ou seja, a transformação do elemento latente em patente.

A gênese do trabalho de compatibilização paradigmática reside em nossa postura como leitora e pesquisadora. Adotamos uma leitura e uma escrita fundamentadas na teoria, sem, contudo, praticar a leitura e a interpretação fundamentalistas.

Essa forma de utilizar o paradigma, como resultado de elementos que se articulam de modo dinâmico, nos permitiu uma fidelidade teórica proporcional aos limites da própria teoria. Permitiu que trouxéssemos fundamentos de outras teorias,[2] para dar continuidade ao estudo. As questões formuladas a partir dos conceitos de Adorno só puderam ser respondidas pela pesquisa quando foram reelaboradas, e incorporaram os conceitos de Canclini que contemplavam as especificidades da imanência entre objeto de estudo e contexto.

Pela leitura realizada do antropólogo Garcia Canclini percebemos que a pluralidade, o cruzamento e a sobreposição de influências na formação da linguagem estética são maiores na contemporaneidade que em períodos históricos precedentes, o que confere a qualidade de hibridismo cultural aos bens simbólicos atuais. Diz o autor:

> Ainda que muitas obras permaneçam dentro dos circuitos minoritários ou populares para que foram feitas, a tendência predominante é que todos os setores misturem em seus gostos objetos de procedências antes separadas. Não quero dizer que essa circulação mais fluida e complexa tenha dissolvido as diferenças entre as classes. Apenas afirmo que a reorganização dos cenários culturais e os cruzamentos constantes das identidades exigem investigar de outro modo as ordens que sistematizam as relações materiais e simbólicas entre os grupos. (Garcia Canclini, 1997, p.209)

Trouxemos, de forma introdutória, os conceitos sobre hibridismo cultural, abaixo relacionados, acompanhados das citações em

---

2 Garcia Canclini é o autor por quem mais significativamente ampliamos os conceitos da Teoria Crítica. Mas, além dele, conforme consta na Introdução, o debate teórico deu-se também pela contribuição do trabalho de músicos contemporâneos.

que estão mais objetivamente apresentados. Embora não indicados explicitamente neste texto, contribuíram significativamente para nossa reflexão. São eles:

a) não linearidade temporal na formação do campo cultural no presente:

A cultura industrial massiva oferece para os habitantes das sociedades pós-modernas uma matriz de desorganização-organização das experiências temporais mais compatível com as desestruturações que supõem a migração, a relação fragmentada e heteróclita com o social. Enquanto isso, a cultura de elite e as culturas populares tradicionais continuam comprometidas com a concepção moderna da temporalidade, de acordo com a qual as culturas seriam acumulações incessantemente enriquecidas por práticas transformadoras. Mesmo nas rupturas mais abruptas das vanguardas artísticas e intelectuais acabou predominando a suposição de que esses cortes eram regressos a um começo ou à renovação de uma herança que se continuava. (Por isso acreditou-se que era possível escrever a história das vanguardas.) (Garcia Canclini, 1997, p.363)

b) cruzamentos, influências e convergências entre o popular e o culto:

Demonstrou-se que nas cerâmicas, nos tecidos e retábulos populares é possível encontrar tanta criatividade formal, geração de significados originais e ocasional autonomia com respeito às funções práticas quanto na arte culta. Esse reconhecimento deu entrada a certos artesãos e artistas populares em museus e galerias. Mas as dificuldades para redefinir a especificidade da arte e do artesanato e interpretar cada um de seus vínculos com o outro não se resolvem com aberturas de boa vontade ao que opina o vizinho. A via para sair dessa estagnação em que se encontra essa questão é um novo tipo de investigação que reconceitualize as transformações globais do mercado simbólico levando em conta não apenas o desenvolvimento intrínseco do popular e do culto, mas seus cruzamentos e convergências. Como o artístico e o artesanal estão incluídos em processos massivos de circulação das mensagens, suas fontes de aproveitamento de imagens e formas, seus canais de difusão e seus públicos costumam coincidir. (ibidem, p.245)

c) especificidades das experiências simbólicas propiciadas pelas culturas industriais:

> De outro lado, a televisão e os *vídeo games*, os *videoclipes*, e os bens descartáveis propõem relações instantâneas, temporariamente plenas e rapidamente descartadas e substituídas. Por isso, as experiências simbólicas propiciadas pelas culturas industriais se opõem às estudadas por folcloristas, antropólogos e historiadores. (ibidem, p.363)

d) distinção de modernismo e modernização – sendo o primeiro relativo à linguagem estética e o segundo ao desenvolvimento social pelo uso do conhecimento e da tecnologia em benefício da sociedade:

> A frustração do voluntarismo político foi examinada em muitos trabalhos, mas não aconteceu o mesmo com o voluntarismo cultural. Atribui-se seu declínio ao sufocamento ou à crise das forças insurgentes em que se inseria, o que em parte é verdadeiro, mas falta analisar as causas culturais do fracasso dessa nova tentativa de articular um modernismo com a modernização. (ibidem, p.87)

e) distinção dos sentidos dos termos "popular/popularidade" sofrida no discurso de folcloristas, comunicólogos e políticos:

> Diferenciamos três usos do popular. Os folcloristas falam quase sempre do *popular tradicional*, os meios massivos de *popularidade* e os políticos de *povo*. Ao mesmo tempo, identificamos algumas estratégias sociais que estão na base de cada construção conceitual.

Vimos suas incompatibilidades, sua incomensurabilidade, no sentido de Kuhn (maneiras diferentes de ver o mundo e de praticar o conhecimento), o que coloca o estudo do popular em uma situação pré-paradigmática. Tem sentido abranger com o termo *o popular* modalidades tão diversas como as que estudam os folcloristas, antropólogos, sociólogos e comunicólogos, das que falam os políticos, os narradores e educadores de base? Qual é a vantagem para o trabalho científico de denominar cultura popular a indígena e a operária, a rural e a urbana, a que é gerada por diferentes condições de trabalho, pela vida suburbana e pelos meios de comunicação? (ibidem, p.272)

No autor aqui evidenciado (ibidem, p.245), destacamos uma ação capital para apreender a complexidade do cenário cultural hodierno e seu hibridismo. Ele inclui igualmente "a indústria cultural, o turismo, as relações econômicas e políticas com o mercado nacional e transacional de bens simbólicos" na categoria de "agentes modernos formadores dos campos culturais". A partir dessa consideração, pudemos entender as contradições, mencionadas no início deste capítulo, não apenas como tais, mas como hibridismos culturais e, ainda, fazer uma abordagem teórica pensando a indústria cultural enquanto recorte do elenco dos demais agentes formadores dos campos culturais.

Seria possível avançar mais no conhecimento da cultura e do popular se se abandonasse a preocupação sanitária em distinguir o que teriam a arte e o artesanato de puro e não contaminado, e se os estudássemos a partir das incertezas que provocam seus cruzamentos. Assim como a análise das artes cultas requer livrar-se da pretensão de autonomia absoluta do campo e dos objetos, o exame das culturas populares exige desfazer-se da suposição de que seu espaço próprio são comunidades indígenas autossuficientes, isoladas dos agentes modernos que hoje as constituem tanto quanto suas tradições: as indústrias culturais, o turismo, as relações econômicas e políticas com o mercado nacional e transacional de bens simbólicos. (ibidem, p.245)

Da mesma forma, compreendendo a indústria cultural contemporânea como um dos agentes do campo cultural – ou campos culturais – ainda em Garcia Canclini (2007), encontramos aporte para melhor compreender as especificidades do funcionamento da indústria cultural sob o influxo da globalização e, ainda, para notar criticamente o uso ideológico do termo globalização: "A modernização globalizada é oferecida como espetáculo para aqueles que, a rigor, estão excluídos dela, e se legitima configurando um novo imaginário de integração e memória com os *souvenir* do que ainda não existe" (Garcia Canclini, 2007, p.156).

Concordando com nossa preocupação em relação à importância da música e do seu uso e exploração pela indústria cultural – no caso, também beneficiada pelo processo de globalização, como veremos no decorrer do texto –, esse autor avalia que:

> Onde a globalização aparece mais claramente é no mundo audiovisual: música, cinema, televisão e informática vêm sendo reordenados, por umas poucas empresas, para serem difundidos em todo o planeta. O sistema multimídia que integra parcialmente esses quatro campos oferece possibilidades inéditas de expansão transacional até nas culturas periféricas. (ibidem, p.13)

Conforme o exposto, as contribuições de Garcia Canclini (2007 e 1997) viabilizaram a aplicação do conceito de indústria cultural bem como dos fundamentos da Teoria Crítica sem que, por isso, fosse necessário reduzir o objeto de estudo aos limites da teoria.

Dado como premissa epistemológica que o fenômeno estudado é sempre maior que a teoria usada para compreendê-lo, utilizamos o viés teórico não com impulso dogmático, mas investigativo. Por isso, ter encontrado dentro do processo de loteamento do espaço sonoro elementos não ajustados – e até antagônicos[3] – às especifi-

---

3 Um antagonismo da mesma categoria é encontrado na indicação que Adorno (1995) faz do uso da televisão. Embora sendo um forte veículo de comunicação de massa, ela foi indicada pelo autor como recurso para promover a educação reflexiva na população além do campo. Adorno, inclusive, usou o

cidades que inicialmente nortearam a elaboração desse conceito não diminuiu a objetividade das nossas colocações.

O universo das artes se transformou: por esta premissa procuramos considerar o quanto dessa transformação se deve ao hibridismo entre a arte culta e popular, e o quanto se deve à ação homogeneizante da indústria cultural. Considramos que a indústria cultural pode realizar, pelos seus veículos de comunicação, a divulgação e circulação do culto e do popular e, destarte, favorecer simultaneamente a homogeneização e o hibridismo. Esta dupla influência da indústria cultural (homogeneização/hibridação) é imbricada, e, por isso, nos detivemos em diferenciar o processo de hibridismo – pelas contribuições de Canclini – do processo de homogeneização – pelos conceitos de Adorno.

A ação homogeneizante da indústria cultural de hoje ocorre na medida de sua plasticidade em manter-se atuante dentro dos valores e dos espaços da sociedade contemporânea, sendo um desses espaços o escolar. Contrariamente, Puterman (1994), no livro *Indústria cultural: a agonia de um conceito*, especificamente no capítulo "Cultura: massificação *versus* segmentação", indica que a massificação e a padronização previstas por Adorno não se concretizaram, mas que a tecnologia possibilitou a diversidade de estilos musicais e democratizou o acesso a eles. Por este argumento o autor fixa como datado o conceito de indústria cultural.

Acreditamos que a plasticidade da indústria cultural foi capaz de tornar a homogeneização total desnecessária e que, mesmo havendo uma diversidade de estilos possibilitada pela tecnologia, a diversidade é acessível apenas para uma minoria. A Teoria Crítica contemporânea anuncia o imperativo de se perceber as mudanças da indústria cultural nos novos feitios de sua transmutação.

---

rádio em significativa parte de seu trabalho. Os dois veículos, tão criticados pelo filósofo como meios de massificação cultural, tiveram seu uso apontado de forma oposta ao uso de senso comum. Entendemos, assim, que este antagonismo surge pelas diferentes qualidades que as situações *a priori* e as possibilidades *a posteriori* conferem a um dado objeto.

Nesse viés trazemos uma síntese dos conteúdos extraídos de Ramos-de-Oliveira (2003, p.115-22):

Existe uma necessidade de se confrontar a realidade presente com o conceito original de indústria cultural, conservando o foco na imposição da indústria cultural sobre as massas e nas formas como esta imposição se dá e se mantém. A indústria cultural se faz cada vez mais impositiva, muda sua política e procedimento apenas tecnicamente, com o uso de recursos que aparentam participação popular na sua produção, com a finalidade de fazer parecer cultura de massas o que continua sendo cultura para as massas. A tecnologia viabiliza o aumento quantitativo de comunicação que é anunciado como participação (interatividade ou aumento qualitativo). Contudo, a verdade é que a interatividade não resulta em mudança de curso da produção cultural.

As produções culturais que se insurgem contra a indústria cultural são por ela assimiladas e tornadas inócuas, a indústria cultural recebe a diversidade cultural e a incorpora no uso hegemônico do poder; no contexto da tecnologia, anuncia como mudanças reais e democráticas processos que são insignificantes no conjunto da sociedade.

Ainda que não tenha um pacto incondicional de apoio à ideologia dominante, mas por ter com ela interesses comuns, indústria cultural e ideologia dominante trabalham de forma que se fortalecer mutuamente. Nesse aspecto, mensagens que pela linguagem estética são disseminadas pela mídia viabilizam uma volatilização da ideologia, que deixa de necessitar do discurso pontual. A ideologia passa a se manifestar fragmentada na forma, mas preservando o sentido e a coesão da mensagem ideológica autoritária.

Os conteúdos do autor supracitado nos apontaram três fatores que estavam implicados nos processos de apreciação musical e de escolhas musicais dos sujeitos dos campos de nossa pesquisa. Esses fatores estão diretamente ligados aos produtos da indústria cultural hodierna. São eles: a pseudoindividuação no contexto das novas tecnologias, a oferta da sensação como mercadoria e a ideia de globalização e intercomunicação.

Assim, a indústria cultural torna-se capaz de suprir, e até mesmo de criar, segmentos diferentes, fazendo a homogeneização apenas dentro de cada segmento. Ainda assim, esses estilos utilizam padrões musicais comuns, o que permite que sejam compreendidos de forma geral por todos os ouvintes e que, ao mesmo tempo, formem um leque de segmentos musicais apenas aparentemente diferenciados. Adorno não previu esse processo em extensão, nos modos como se daria na interface tecnológica contemporânea, mas anunciou a essência desse funcionamento na pseudoindividuação:

> O correspondente necessário da estandardização musical é a *pseudoindividuação*. Por pseudoindividuação entendemos o envolvimento da produção cultural de massa com uma auréola da livre escolha ou do mercado aberto, na base da própria estandardização. A estandardização de *hits* musicais mantém os usuários enquadrados, por assim dizer escutando por eles. A pseudoindividuação, por sua vez, os mantém enquadrados, fazendo-os esquecer que o que eles escutam já é sempre pré-escutado por eles, "pré-digerido". (Adorno, 1986, p.123)

Sobre interatividade e improvisação administrada, diz Adorno (1986, p.130): "Quanto mais a improvisação de fato desaparece com o processo de estandardização e quanto mais isso é soterrado por esquemas elaborados, tanto mais a ideia de improvisação precisa ser mantida diante do público".

Vejamos o que acontece na transferência do mesmo valor (o improviso como ideia de espontaneidade) em outra forma de expressão. Adorno fala que a improvisação no jazz, apesar de presa a esquemas estandardizados, confere a sensação de renovação e espontaneidade. É o sucesso da liberdade possível dentro da rigidez esquemática, também um ingrediente ou uma das formas da reconciliação forçada. Essa espontaneidade administrada permanece hoje como pseudoindividuação no contexto das novas tecnologias. Está nos programas interativos de computadores, nos programas de *reality shows* com a participação de votos do público, estes, inclusive, promovendo suas personalidades como descobertas súbitas da mesma forma que os *band leaders* do jazz eram promovidos como talentos oriundos do povo.

Também em relação à plasticidade potencializada pela tecnologia, esta oferece, cada vez mais, produtos que contemplam os sentidos (interatividade, vídeos em terceira dimensão, *surround* e outros), a tal ponto que as sensações que eles provocam também se transformaram em mercadoria. A valorização das sensações pode ser confusamente tomada como um fenômeno natural da sociedade contemporânea, mas, contrariamente a isso, acreditamos que essa valorização seja uma demanda criada pelas novas formas de indústria cultural, para ser, também, por ela suprida.

A ideia de globalização e de intercomunicação, implementada e explorada pela indústria cultural, se estrutura a partir de elementos da padronização e de seu par – a pseudoindividuação –, elementos estes que, aplicados aos bens simbólicos regionais e nacionais, promovem uma internacionalização da cultura híbrida.

> Fala-se de um *world-cinema*, de uma *world-music* e de um "estilo internacional em literatura". Nos três casos, as grandes corporações realizam uma reconstrução globalizada dos repertórios simbólicos locais, descontextualizando-os para torná-los mais compreensivos nas áreas culturais de vários continentes. Ao mesmo tempo, instalam filiais regionais ou fazem acordos com empresas locais para "indigenizar" sua produção. [...] Poucas empresas mostraram tanta flexibilidade em seu projeto globalizador como a MTV. Se essa empresa, fundada apenas em 1981, conquista a audiência de jovens em quase todo mundo, é graças à sua capacidade de combinar várias inovações: mistura de gêneros e estilos, rebeldias roqueiras a melodramas hedonistas e "pensamento liberal normalizado", associa-se a "grandes causas" (luta contra a pobreza, o analfabetismo, a aids e a poluição), propondo exercícios de cidadania internacionalizados compatíveis com um sentido moderno e sensual da vida cotidiana. (Garcia Canclini, 2007, p.150)

Devaneio musical

Nesta gravação de Los Hermanos, para o filme *Lisbela e o prisioneiro*, ouvimos um fidelíssimo retrato do que seria, no imaginário das massas, a ideia de globalização, conforme difundida pela indústria cultural.

Eu quero a sina do artista de cinema
Eu quero a cena onde eu possa brilhar
Um brilho intenso, um desejo, eu quero o beijo
Um beijo imenso onde eu possa me afogar
Eu quero ser o matador das cinco estrelas
Eu quero ser o Bruce Lee do Maranhão
A Patativa do Norte, eu quero a sorte
Eu quero a sorte do chofer de caminhão

Pra me danar
Por essa estrada mundo afora, ir embora
Sem sair do meu lugar

Ser o primeiro, ser um rei, eu quero um sonho
Moça-donzela, mulher-dama, ilusão
Na minha vida tudo vira brincadeira
A matinê verdadeira, domingo e televisão

Eu quero um beijo de cinema americano
Fechar os olhos, fugir do perigo
Matar bandido e prender ladrão
A minha vida vai virar novela

Eu quero amor, eu quero amar
Eu quero o amor de Lisbela
Eu quero o mar e o sertão

(Veloso; Almino, *Lisbela*, 2003)

Fim do devaneio musical

Feitas estas considerações, destacamos que a pseudoindividuação no contexto das novas tecnologias, a oferta da sensação como mercadoria e a ideia de globalização e intercomunicação são três aspectos que permearam nossa abordagem, no que tange ao conceito original de indústria cultural tendo em vista suas formas contemporâneas de atuação.

3
PADRONIZAÇÃO, REPETIÇÃO E CONHECIMENTO

Em sua essência a obra de arte sempre foi reprodutível. O que os homens faziam sempre podia ser imitado por outros homens. Essa imitação era praticada por discípulos, em seus exercícios, pelos mestres, para a difusão das obras, e finalmente por terceiros, meramente interessados no lucro. Em contraste, a reprodução técnica da obra de arte representa um processo novo, que se vem desenvolvendo na história intermitentemente, através dos saltos separados por longos intervalos, mas com intensidade crescente. (Benjamin, 1986, p.166)

As ideias que norteiam nosso conceito de elemento estético foram estabelecidas do seguinte modo: consideramos como elemento estético musical todos os componentes musicais – ritmos, desenhos melódicos, timbres, estruturas de composição e harmonias, nos quais, uma vez que falamos em padronização, se inclui o uso muito frequente dos clichês harmônicos[1] bastante simplificados. Também puderam ser considerados os elementos que fazem parte da execução e interpretação musical, tais como técnica vocal, recursos

---

1 Uso da mesma sequência de acordes empregada em várias músicas, feitas as necessárias transposições tonais, a ponto de ser possível acompanhar a melodia de várias músicas com a mesma harmonia e muitas vezes o mesmo arranjo com que foi gravada uma canção.

de expressão e de performance. Naturalmente, em se tratando de música, todos os elementos são, essencialmente, estéticos. Mas interessa-nos evidenciar a redução da dimensão estética dos elementos no processo de padronização musical.

Para isso, lançamos uma grosseira sistematização atribuindo ao elemento estético duas dimensões: uma dimensão física, percebida pelos órgãos dos sentidos, e uma dimensão espiritual, percebida pela sensibilidade enquanto emoção. O elemento estético, uma vez recebido pelos sentidos, repercute no sujeito em forma de sentimento e atinge a dimensão espiritual com caráter individual e subjetivo que se agregará ao caráter coletivo e objetivo que se constrói ao redor dos elementos musicais associando a eles determinados sentimentos – melancolia, euforia, alegria e outros. Assim, a sensibilidade enquanto sentimento depende da sensibilidade enquanto sensualidade/sentido e ambas atuam na leitura objetiva e subjetiva que se faz das músicas. Portanto, diremos que a audição se dá *a priori* e o gostar *a posteriori*, porque não se gosta do som em si, mas do que se sente ao ouvi-lo.

Um exemplo bastante elucidativo da articulação das duas formas de sensibilidade está na audição dos intervalos.[2] Os intervalos não podem ser ouvidos, mas apenas sentidos. Tomemos como exemplo o trítono em intervalo harmônico – intervalo de três tons entre duas notas, percorrendo quatro notas, da primeira até a última

---

2 Intervalo é a diferença de altura entre duas notas de alturas diferentes. A distância entre a nota inferior (mais grave) e a nota superior (mais aguda) define o intervalo. Como exemplo, para o trítono citado, tomemos o intervalo formado pela distância entre as notas dó-fá. Este é chamado de intervalo de quarta, porque envolve um grupo de quatro notas (dó e fá, que delimitam o intervalo, e ré e mi, que ficam entre dó e fá). Se as duas notas que delimitam o intervalo forem emitidas uma de cada vez, o intervalo é chamado de melódico. Já, no caso de as notas serem emitidas ao mesmo tempo, o intervalo é chamado de harmônico. Pode haver ainda a emissão de mais de duas notas, como no caso dos acordes, no qual várias notas estabelecem diferentes intervalos umas entre as outras. O que destacamos em relação à sensibilidade na audição musical é que diferentes intervalos oferecem diferentes sensações, e estas sensações vêm da percepção do intervalo em si, e não da escuta do intervalo. Objetivamente, apenas as notas que delimitam o intervalo podem ser escutadas, já a distância intervalar pode apenas ser percebida.

nota do intervalo, sendo uma a nota fundamental e outra a quarta aumentada. Ele não pode ser ouvido porque não há o que se ouvir no intervalo. O intervalo é a diferença/distância das notas, e estas sim é que são ouvidas, porque a distância entre elas não possui som. Assim, o intervalo não é ouvido e sim percebido/sentido. O que se ouve são apenas as notas que delimitam a distância do intervalo, mas perceber este intervalo causa uma sensação. Wisnik (1999, p.28) discorre sobre os sentimentos causados pela audição:

> Mexendo nessas dimensões, a música não se refere nem nomeia coisas visíveis, como a linguagem verbal faz, mas aponta com uma força toda sua para o não verbalizável; atravessa certas redes defensivas que a consciência e a linguagem cristalizada opõem à sua ação e toca em pontos de ligação efetivos do mental e do corporal, do intelectual e do afetivo. Por isso mesmo é capaz de provocar as mais apaixonadas adesões e as mais violentas recusas.

A música transmite pelo elemento estético a sua mensagem – que Adorno (1986, p.108-14), em alguns momentos, chama de aspecto espiritual. O elemento estético é intrínseco à própria linguagem musical. Sobre a maneira como a dimensão física e a espiritual do elemento estético se articulam na assimilação e na codificação estética, num esquema elementar e sem caráter cronológico, teríamos: a sensibilidade/sensualidade como receptora da música, a sensibilidade/emoção como reação geradora de sentimentos e de significados, e a razão como organizadora desses sentimentos e significados.

> Os dados da sensibilidade se convertem em matéria expressiva de tal maneira que configuram o próprio conteúdo da obra de arte [...] O motor que organiza esse conjunto é a sensibilidade: a emoção (*emovere* quer dizer o que se move) desencadeia o dinamismo criador do artista. A emoção que provoca o impacto no apreciador faz ressoar, dentro dele, o movimento que desencadeia novas combinações significativas entre as suas imagens internas em contato com as imagens da obra de arte. Mas a obra de arte não é resultante

apenas da sensibilidade do artista, assim como a emoção estética do espectador não lhe vem unicamente do sentimento que a obra de arte suscita nele. Na produção e apreciação da arte estão presentes habilidades de relacionar e solucionar questões propostas pelas organizações dos elementos que compõem as formas artísticas: conhecer arte envolve o exercício conjunto do pensamento, da intuição, da sensibilidade e da imaginação. (Brasil, 2001, p.40)

O processo citado acima é bastante complexo e refere-se à apreciação de obras de arte e não das músicas padronizadas. Entretanto, em analogia com a problemática levantada, podemos observar tanto um empobrecimento do processo como uma objetivação dele, gerando respostas pré-programadas no ouvinte mediante o uso de elementos estéticos padronizados cuja dimensão espiritual é diminuída.

Nosso conceito de dimensão espiritual, como par para a dimensão material do elemento estético, também encontra correspondência no conceito benjaminiano de aura. Compõem a aura de um objeto os elementos e circunstâncias ímpares que o tornam único e que estão envolvidos na recepção do sujeito. Entendemos que essa forma de recepção mais refinada e individualizada ocorre no plano que chamamos de dimensão espiritual do elemento estético:

> Em suma, o que é a aura? É uma figura singular, composta de elementos espaciais e temporais: a aparição única de uma coisa distante, por mais próxima que ela esteja. Observar em repouso, numa tarde verão, uma cadeia de montanhas no horizonte, ou um galho, que projeta sua sombra sobre nós, até que o instante ou a hora participem de sua manifestação, significa respirar a aura dessa montanha, desse galho. (Benjamin, 1986, p.170)

Mas, se esses elementos ímpares forem retirados, restará ao elemento estético apenas sua dimensão material, ou seja, sua forma de recepção imediata pela via dos sentidos. Contudo, ainda nesse caso, como dissemos que a dimensão espiritual é aquela que é percebida pela sensibilidade enquanto emoção, pensamos que uma pequena dimensão espiritual permanece e, justamente por ser reduzida, pode ser mais objetivamente dirigida nos processos de massificação. Nesse sentido, a padronização dos elementos estéticos musicais pela indústria cultural seria um processo de mera reprodução material (sonoro-imagética) de elementos estéticos na sua dimensão material, cujo empobrecimento da dimensão espiritual equivale ao que o autor indica como destruição da aura:

> Mas fazer as coisas se aproximarem de nós, ou antes, das massas, é uma tendência tão apaixonada do homem contemporâneo quanto a superação do caráter único das coisas, em cada situação, através da sua reprodução. Cada dia fica mais irresistível a necessidade de possuir o objeto de tão perto quanto possível, na imagem, ou melhor, na sua reprodução. E cada dia fica mais nítida a diferença entre a reprodução, como ela nos é oferecida pelos jornais ilustrados e pelas atualidades cinematográficas, e a imagem. Nesta, a unicidade e a durabilidade se associam tão intimamente como, na reprodução, a transitoriedade e a reprodutibilidade. Retirar o objeto do seu invólucro, destruir sua aura, é característica de uma forma de percepção cuja capacidade de captar o "semelhante" no mundo é tão aguda que, graças à sua reprodução, ela consegue captá-lo até no fenômeno único. (ibidem, p.170)

Passemos então, a discutir a fruição. Como processo que ocorre pela dimensão espiritual do elemento estético, ela se relaciona com a experiência formativa. A fruição, enquanto recepção, requer e possibilita um certo abandono do sujeito para com o objeto artístico, que os distancia e os torna emancipados: "Involuntariamente e à margem da consciência, o contemplador assina um contrato com a obra, para se lhe ajustar e a fazer falar. Nesta receptividade aplaudida subsiste a exaltação à natureza, o puro abandono" (Adorno, 1970, p.90). Ao contrário do que num primeiro momento possa parecer, a fruição não é uma forma de recepção passiva, e sim ativa. É no distanciamento e no abandono que o sujeito capta as mensagens estéticas e as torna significantes a partir de sua recepção.

Os processos de criação das músicas que não se submetem à padronização da indústria cultural também demonstram um distanciamento, inclusive entre autor e obra: uma vez emancipados e distantes o sujeito criador e a obra, surge uma margem de imprevisibilidade. O criador vê a própria obra sugerir para si caminhos que ele não cogitou *a priori*, e que ele só percebe *a posteriori* – porque também frui enquanto cria, estabelecendo com a obra uma relação dialógica. Vejamos os depoimentos:

> Anamaria: "Você se surpreende com o resultado de uma composição? Acontece de começar com uma ideia e mudar para outro caminho?"
> Eduardo Gudin: "É o que acontece sempre comigo. O tempo todo. [...] Tanto na melodia como na letra. Na letra eu procuro controlar mais, que eu tenho uma ideia mais definida, eu comando. [...] A melodia eu faço primeiro. *Ela tem mais... (pausa) ela vai, leva a música pra algum lugar. Eu vou um pouco atrás. Eu não tenho muito controle do que estou fazendo. E isso é que é, e por isso que eu não faço música todo dia. Se não for pra ter esse tipo de atividade eu não gosto de fazer. Se eu não tiver uma sensação assim: eu mandando nela ela mandando em mim. Aí é que fica bom.*" (Gudin, 2003, grifo nosso).

Diante da mesma questão responde Sérgio Natureza:

> Sérgio Natureza: "Quase sempre me surpreendo, mesmo porque faço de tudo para que isso aconteça. A não ser quando a letra "vem pronta" – e isso acontece nos casos isolados em que a melodia sugere um tema de imediato [...]."
> Anamaria: "Quem ou o quê faz você mudar de ideia?"
> S. N.: "Não é bem mudar de ideia, *é estar aberto para um virtual/novo possível caminho, antes insuspeitado*, que acaba sendo a via principal de acesso a algo mais rico ou, por assim dizer, menos esperado."
> A.: "Fale um pouco sobre seu processo criativo."

S. N.: "A minha relação com a criatividade é tanto de caçador quanto de caça. Por vezes persigo uma forma, já dando por completo o conteúdo. Em contrapartida, posso ser caçado pela criatividade [...]." (Natureza, 2003, grifo nosso)

O potencial de fruição é o aspecto intrinsecamente humano que a obra de arte encerra, responsável pela emissão e recepção da mensagem estética: o sujeito apreciador reconhece que sobre aquele objeto agiu outro homem, o sujeito criador, e corresponde à ação deste com fruição.

Sobre essas bases, a estética da recepção questiona que existam interpretações únicas ou corretas, como tampouco falsas dos textos literários. Toda escrita, toda mensagem, está infestada de espaços em branco, silêncios, interstícios, nos quais se espera que o leitor produza sentidos inéditos. As obras, segundo Eco, são "mecanismos preguiçosos" que exigem a cooperação do leitor, do espectador, para completá-las. (Garcia Canclini, 1997, p.150-1)

Contrariamente a isso, as reações pré-programadas dos ouvintes diante das músicas padronizadas estariam associadas ao estado de semiformação deles, de modo que quanto maior o grau de semiformação, melhor a resposta à pré-programação. A função totalizante da ideologia de massa realiza a fetichização da cultura que "manifesta-se por meio da total identidade entre a totalidade e o particular, conduzindo à mais completa alienação do pensamento e da própria subjetividade" (Amaral, 1997, p.36). O processo de semiformação seria, por sua vez, facilitado pela existência de elementos musicais estereotipados, a fim de permitir um rápido reconhecimento por parte do ouvinte.

Se o prazer ou desprazer do ouvinte não vem da audição *a priori* e sim do sentimento *a posteriori*, por sua vez a memória musical e o ouvido interno[3] trazem à lembrança o que se ouviu e que gerou

---

3 Habilidade que, associada à memória musical, permite reproduzir uma música mentalmente e em silêncio.

aquele sentimento. A repetição de sensações/sentimentos associados aos padrões musicais gera, por sua vez, no ouvinte, uma associação padronizada entre som e sentimento, que potencializa a padronização dos elementos estéticos e a pré-programação das respostas dos ouvintes.

Hoje, os hábitos de audição das massas gravitam em torno do reconhecimento. Música popular e sua respectiva promoção estão orientadas para a criação desse hábito. O princípio básico subjacente a isso é o que basta para repetir algo até torná-lo reconhecível para que ele se torne aceito. Isso serve tanto à estandardização do material quanto à sua promoção. O que se faz necessário para entender as razões da popularidade do tipo corrente de música *hit* é a análise teórica dos processos envolvidos na transformação da repetição em reconhecimento, e do reconhecimento em aceitação. (Adorno, 1986, p.130)

Adorno, como músico e filósofo, através da reflexão, anteviu o processo de Educação Musical, tanto na forma positiva enquanto alfabetização, ou melhor, enquanto desenvolvimento da habilidade de percepção para a apreciação autônoma, como na forma negativa, a qual chamou de regressão da audição. As duas formas envolvem a audição enquanto sentido e a percepção estética do que se ouve, enquanto cognição, cognição esta que, por sua vez, utiliza indistintamente razão e emoção para a sintaxe da codificação estética.

A estandardização estrutural busca reações estandardizadas. A audição da música popular é manipulada não só por aqueles que a promovem, mas, de certo modo, também pela natureza inerente dessa própria música, num sistema de mecanismos de resposta totalmente antagônico ao ideal de individualidade numa sociedade livre. [...] O ouvido enfrenta as dificuldades do *hit* encontrando substituições superficiais, derivadas do conhecimento dos modelos padronizados. O ouvinte, quando se defronta com o complicado, ouve, de fato, apenas o simples que ele representa, percebendo o complicado somente como uma parodística distorção do simples. [...] A construção esquemática dita o modo como ele deve ouvir, enquanto a música popular é "pré-digerida", de um modo bastante similar à moda dos *digest* de material impresso. Em ultima análise é a estrutura da música popular contemporânea a responsável por aquelas mudanças nos hábitos de ouvir que discutiremos mais tarde. (ibidem, p.120-1)

Os padrões, ou, melhor dizendo, as estruturas musicais, são marcas de uma cultura, na sua forma mais ampla. Assim, o tonalismo está arraigado na cultura ocidental porque há muito[4] é um modelo praticado e ouvido cotidianamente por ela. É possível que o homem ocidental comum aprecie e compreenda a música que use um sistema tonal diferente do seu, ou qualquer outro tipo de estrutura musical incomum, mas isto requer um aprendizado externo às audições musicais possibilitadas pelo cotidiano informal.

Para desenvolver as habilidades da percepção musical basta ouvir. Nesse caso, quanto mais amplo for o leque de elementos estéticos oferecidos para a audição, mais ampla e aguçada se fará a percepção, e quanto mais reduzido, mais limitada será a capacidade de perceber e interpretar os elementos musicais que não fizerem parte dos modelos a que o ouvido se habituou. Adorno demonstra preocupação, no sentido de que audição repetitiva das músicas padronizadas leve à regressão da audição, aqui entendida como habilidade restrita para a apreciação musical:

> Essa linguagem natural, para o ouvinte americano, provém de suas primeiras experiências musicais, as cantigas de ninar, os hinos cantados no culto dominical, as pequenas melodias assoviadas no caminho de volta da escola para a casa. Tudo isso é muito mais

---

4 "A formação gradativa do tonalismo remonta à polifonia medieval e se consolida passo a passo ao longo dos séculos XVI, XVII e XVIII (quando se pode dizer que o sistema está constituído)" (Wisnik, 1999, p.113). O tonalismo a que este autor se refere, e que indicamos no texto, é o que se utiliza da escala cromática de doze notas, construindo a partir dela melodias que têm um centro tonal.

importante na formação da linguagem musical do que a habilidade em distinguir entre o início da *Terceira* e o da *Segunda sinfonia* de Brahms. A cultura musical oficial é, em larga medida, a mera superestrutura dessa linguagem musical subjacente, ou seja, a tonalidade maior e menor, e todas as relações tonais aí implicadas. Mas essas relações tonais da linguagem musical primitiva colocam barreiras para tudo o que não se conforme a elas. Extravagâncias são toleradas somente na medida em que podem ser reenquadradas na assim chamada linguagem natural. (ibidem, p.122)

Pesquisas em neuropsicologia comprovam que o aprendizado dos padrões musicais ocorre pela escuta:

[...] operações cognitivas abstratas [...] colocam em atividade capacidades de atenção e memória, e operações de categorização e raciocínio. [...] Com base na constatação de que existem muito mais similaridades que diferenças entre os cérebros de músicos e de não músicos, postulamos que as redes neuronais postas em jogo nas atividades musicais se desenvolvem mesmo na ausência de um aprendizado intensivo. Em outras palavras, a simples escuta (e não a prática) basta para tornar o cérebro "músico". A ideia de que um cérebro não músico possa ser *expert* no processamento das estruturas musicais surpreende. Trata-se, no entanto, de uma conclusão apoiada em numerosos estudos feitos sobre a aprendizagem implícita, isto é, aquela de que não temos consciência [...] Essas pesquisas demonstram a extraordinária capacidade do cérebro de interiorizar estruturas complexas do ambiente, mesmo quando só estamos expostos a elas de maneira passiva. Tal aprendizado implícito inconsciente é fundamental para a adaptação e sobrevivência da espécie. Além disso, é observado em todos os domínios e foi adquirido logo cedo no nosso curso de evolução. Os recém-nascidos passam por aprendizados de grande complexidade tanto para a linguagem quanto para a música: quando bebês de alguns meses ouvem uma melodia, eles manifestam forte reação de surpresa no momento em que uma nota é substituída por outra que infrinja as regras musicais. Os bebês denunciam a própria surpresa sugando o seio mais rápido ou virando a cabeça para o outro lado de onde vem o som. [...] Ao que tudo indica a simples escuta da música torna o cérebro "músico", e as aptidões musicais surpreendentes dos não músicos demonstram a grande plasticidade do cérebro humano no domínio musical. Graças a essa plasticidade, qualquer um pode se tornar especialista num campo que lhe é familiar, mesmo que permaneça incapaz de verbalizar as estruturas musicais percebidas. (Bigand, 2005, p.63)

Entendemos que há um caráter subjetivo na mensagem estética, entretanto, esta subjetividade reivindica, ao mesmo tempo, certa objetividade, na medida em que a música enquanto linguagem estética tem uma base de códigos comuns socialmente construídos. A origem dessa base é o mundo concreto percebido pelos sentidos:

A experiência básica, nessa dimensão, é mais sensual do que conceptual; a percepção estética é essencialmente intuição, não noção. A natureza da sensualidade é a "receptividade", a cognição obtida por meio da sua afetação por determinados objetos. É em virtude da sua relação intrínseca com a sensualidade que a função estética assume a sua posição central. A percepção estética é acompanhada do prazer. Esse prazer deriva da percepção da *forma pura* de um objeto, independentemente de sua "matéria" ou de seu "propósito" (interno ou externo). Um objeto representado em sua forma pura é "belo". Tal representação é obra (ou melhor, o jogo) da *imaginação*. Como imaginação, a percepção estética é sensualidade, ao mesmo tempo, mais do que sensualidade (a "terceira" faculdade básica): dá prazer, e portanto, é essencialmente subjetiva; mas na medida em que esse prazer é constituído pela forma pura do próprio objeto, acompanha universal e necessariamente a percepção estética – para *qualquer* sujeito que percebe. Embora sensual e, portanto, receptiva, a imaginação estética é criadora: numa livre síntese de sua própria criação, ela constitui beleza. Na imaginação estética, a sensualidade gera princípios universalmente válidos para uma ordem subjetiva. (Marcuse, 1969, p.159)

A música é entendida como uma linguagem estética de base comum objetiva, mas com possibilidades de variações no entendimento dos indivíduos, o que a torna, ao mesmo tempo, subjetiva. Os estudos abaixo indicam que padrões musicais familiares causam pouca alteração na atividade cerebral:

> [...] as reações emocionais de músicos e pessoas sem formação musical são bastante parecidas, o que comprova que a percepção das emoções musicais é muito estável, tanto no plano individual como entre diferentes ouvintes. Assim, as respostas emocionais à música são reprodutíveis de um momento a outro, na mesma pessoa e em diversos indivíduos, o que seria compatível com a ideia de que as emoções musicais garantem uma função de coesão social numa dada cultura [...]. (Vieillard, 2005, p.54)

Os dados acima se referem à percepção de modo e de andamento. As mesmas pesquisas indicam que são esses os elementos mais evidentes na percepção musical e na interpretação estética e que se associam a categorias de sentimentos:

> Os modos[5] maior e menor são reconhecidos e associados respectivamente a – utilizando as grandes categorias de emoção – sentimentos positivos e sentimentos negativos. Também o andamento é reconhecido e a combinação desses elementos produz reações fisiológicas, independente das pessoas apreciarem ou conhecerem as músicas que os apresentam. "[...] um modo menor e um andamento lento conferem uma equivalência emocional negativa e uma dinâmica franca (calmante) ao trecho, percebido como triste. Um modo menor e uma dinâmica estimulante evocam um sentimento de raiva ou

---

5 Em música, "modo" é a maneira como se dispõem os intervalos de tom e meio--tom numa escala de sete notas.

medo. Ao contrário, um modo maior e um andamento estimulante é alegre, e uma música tocada no modo maior com o agrupamento lento é julgada apaziguadora." (ibidem, p.56)

Paralelamente a essas informações, percebemos o atual uso dos compassos binários acelerados e bem marcados nas músicas de festas, bailes e nas destinadas ao entretenimento de modo geral, o que pode ser uma forma de oferecer prazer e gratificação no uso do tempo livre da sociedade contemporânea.

As mencionadas pesquisas em neuropsicologia nos permitem uma aproximação do conceito de Adorno (1986, p.115-46) de música superior e inferior. Entendemos que por superior o autor considerava as músicas de estruturas complexas e por inferior as de estruturas simples.

Pelo anteriormente exposto, podemos concluir que familiaridade e hábitos de audição são importantes elementos da codificação estética. Contudo, a essa subjetividade de elementos somam-se, segundo os dados abaixo, outros elementos cuja recepção é estritamente objetiva, havendo reações fisiológicas a determinadas músicas que não perpassam pelo gosto, ou por outras questões culturais:

[...] o córtex auditivo dispõe de uma faculdade natural para reconhecer motivos sonoros particulares, estressantes ou tranquilizantes. Com efeito, as músicas que comportam disparidades de ritmo e dissonâncias seriam mais estressantes, enquanto os tempos lentos e regulares seriam tranquilizadores. Um outro estilo musical sem dúvida teria resultados diferentes. Um estudo precedente mostrou que a música *tecno*, mesmo quando é apreciada por aqueles que a ouvem, aumenta a concentração de cortisol[6] no sangue. [...] Tudo isso nos leva a relativizar nosso ponto de vista inicial [de que a música acalma os ânimos]. Não é totalmente verdadeiro que a música acalma

---

6 Hormônio liberado no sangue quando o cérebro se coloca em alerta por algum agente estressante.

os ânimos. Ela pode igualmente agitá-los se sua estrutura rítmica for nervosa e se tiver dissonâncias. (Khalfa, 2005, p.73)

Notamos que é cultural o conceito de consonância/dissonância, mas não o efeito fisiológico do som percebido como consonante ou dissonante. Entramos assim num desdobramento para o efeito do elemento estético musical, que é sua repercussão na fisiologia do sujeito. Esta repercussão é um dos objetos de estudo da musicoterapia, do qual não trataremos; não obstante, iremos considerar os efeitos das alterações fisiológicas que os sons causam nas pessoas, como um componente que pode influenciar os hábitos e comportamentos musicais, de forma subliminar, para o sujeito e para a sociedade.

O crescente uso das músicas com elementos percebidos, segundo as pesquisas citadas, como positivos pode ser fisiologicamente estimulante e, além de contribuir para a alienação, favorecer o consumo e a produtividade. O uso social da música como forma de controle não é uma novidade histórica:

> Foi através desses meios de coerção que caberia ao Estado, pelo poder emanado de sua soberania, impor o respeito à autoridade em relação às normas instituídas. Entre tais meios destacava-se tanto a *repressão*, de ordem militar e policial, como a *persuasão*, de ordem ideológica, sendo que, nas primeiras formações sociais da civilização, principalmente no âmbito desta última, caberia um papel relevante à cultura em geral e à *arte* e à *música*, em particular. Foi assim que, instituída ora como essencial, ora como complementar, se passaria a exercer a *dominação cultural*. (Schurmann, 1990, p. 34)

Os gregos atribuíam à música o conceito aristotélico de *ethos*, no qual a música, como microcosmo de todo o universo, repercute no corpo físico e no caráter do homem. Por isso a Educação Musical era considerada parte da educação do cidadão grego.

> Platão chega a propor uma efetiva repressão de tais tendências, dizendo que "é preciso que os Conselheiros de Estado cuidem para

que este não se deteriore, para que não se introduzam inovações contrárias à ordem nem na ginástica, nem na música. Deve-se evitar o surgimento de uma nova espécie de música, porque esta colocaria em perigo o todo. Nunca se pode alterar a essência da música sem que daí resultem abaladas as leis fundamentais do Estado". (Schurmann, 1990, p.35)

Segundo Tinhorão (1986, p.33-5), na Grécia Antiga o ritmo funcionava como elemento coletivizador, adequado à religião, que também se dava de forma coletiva. Somente com o advento do cristianismo o homem adquire espaço para uma relação individual com o sagrado, e por isso a melodia assume predominância nas representações individuais e subjetivas que passam a se desenvolver na religião.

Platão tem a música como objeto de cuidado, no tocante à sua direta repercussão na formação do homem e da sociedade (Nasser, 1997). O pensamento de Platão sobre a estreita relação entre música e modo de organização/controle social muito se aproxima da preocupação sugerida pelo filósofo alemão, a respeito do possível uso da música massificada como dominação social:

> Os custos de produção não aumentariam se os vários compositores de melodias *hit* não seguissem certos padrões estandardizados. Por isso, precisamos procurar outras razões para a estandardização estrutural – razões muito diferentes daquelas que se levam em conta para a estandardização de carros e alimentos para o desjejum. (Adorno, 1986, p.121)

Quando Adorno (1986), referindo-se à diferença entre o que chama de "música séria" e de "música ligeira", diz: "Padronização e não padronização são os termos contrastantes fundamentais para estabelecer a diferença" (ibidem, p.120), introduz-nos a reflexão sobre a padronização que ocorre dentro dos estilos musicais, mediante a manipulação dos elementos estéticos. A indústria cultural reduz esses elementos à sua dimensão física, para estereotipá-los e disseminá-los como elementos padronizados.

Segundo Adorno (ibidem, p.114), na música séria o elemento estético se constrói no todo da obra e o mesmo elemento (enquanto fenômeno musical) assume diferenças em cada obra, sua significação estética é construída *a posteriori*. Na música ligeira há uma série de elementos de significados estéticos dados *a priori* e, independentemente da peça em que estejam, seu significado estético (suspense, repouso, afastamento, abertura, encerramento, passagem e outros) é sempre reconhecido como tal. Ainda que na música erudita, ou, como Adorno costuma chamar, música séria, exista uma estrutura formal para a composição, os temas são compostos a partir de detalhes. Estes detalhes seriam os elementos estéticos, cujos sentidos se dão somente mediante uma escuta do todo, em que se percebe a sutileza da relação entre os elementos e o todo da obra. Na música ligeira a intenção estética do tema já está dada a princípio, é prontamente percebida pelo ouvinte, que pode, assim, prescindir da escuta dos detalhes.

Pela padronização os elementos musicais são simplificados e estereotipados, a fim de que o ouvinte os assimile com mais facilidade. Além disso, a repetição dos padrões musicais favorece o reconhecimento dos elementos que se tornam familiares:

> É precisamente essa relação entre o reconhecido e o novo que é destruída na música popular. [...] O reconhecimento do mecanicamente familiar na melodia de um *hit* não deixa nada que possa ser tomado como novo mediante a conexão entre os vários elementos. É um fato que na música popular a conexão entre esses elementos é tão ou mais dada *a priori* que os próprios elementos. (Adorno, 1986, p.131)

Os detalhes funcionam, nesse caso, apenas como enfeites que podem ou não ser usados, e cuja substituição ou supressão não afeta a mensagem estética dos principais elementos – padronizados – da peça. Entendemos que esta padronização reduz o elemento estético à sua dimensão física.

Potencializando nos ouvintes a assimilação dos elementos padronizados, a indústria cultural explora a memória musical associando imagem à música, para fazer uso também da memória imagética, como nos filmes, trilhas sonoras e *hits* de cantores e grupos com forte apelo imagético. As roupas, danças, iluminação e aparatos de imagem integram cada vez mais os produtos musicais. Nesse sentido, observamos, ainda, o surgimento de DVDs de música e de formatos de mídia[7] a partir do MP4 anunciados como produtos que, por trazerem imagens, seriam superiores ao CD.

Esse processo de padronizar para repetir e de repetir para tornar o padrão reconhecível se configura num modo de produção musical que Adorno chama de procedimento protocolar.

No cinema, nos discos, no rádio, na televisão e no vídeo, as relações entre artistas, intermediários e público implicam uma estética distante da que manteve as belas-artes: os artistas não conhecem o público, nem podem receber diretamente suas opiniões sobre as obras; os empresários adquirem um papel mais decisivo que qualquer outro mediador esteticamente especializado (crítico, historiador da arte) e tomam decisões fundamentais sobre o que deve ou não deve ser produzido e transmitido; as posições desses intermediários privilegiados são adotadas dando maior peso ao benefício econômico e subordinando os valores estéticos ao que eles interpretam como tendências do mercado; a informação para tomar essas decisões é obtida cada vez menos por meio de relações personalizadas (como do dono da galeria com seus clientes) e mais pelos procedimentos eletrônicos de pesquisa de mercado e contabilização do *rating; a "estandardização" dos formatos e as mudanças permitidas são feitas de acordo com a dinâmica mercantil do sistema, com o que é manipulável ou rentável para esse sistema* e não por escolhas independentes dos artistas. É possível perguntar o que fariam hoje, dentro desse sistema, Leonardo, Mozart ou Baudelaire. A resposta

---

7 Usamos a palavra mídia conforme o uso corrente no ramo da informática, referindo-se ao meio/tipo de arquivo digital. Em outros momentos o fazemos nos referindo ao conjunto de meios de comunicação de massa, do qual faz parte a imprensa.

é a que um crítico deu: "Nada, a menos que eles jogassem conforme as regras". (Garcia Canclini, 1997, p.63, grifo nosso)

Gostaríamos de destacar a importância da fruição na experiência formativa e o aspecto acumulativo, diríamos, espiral, desta, posto que a experiência formativa tanto requer uma experiência anterior quanto possibilita uma ulterior que, por sua vez, retroage, ampliando e reelaborando para o indivíduo os significados de suas experiências formativas anteriores.

A fruição enquanto resultado intra-artístico não pode ser produzida ao gosto capitalista, por outro lado pode ser impedida com a extinção dos elementos que a favorecem, e este impedimento é realizado pela indústria cultural. Para Adorno, o travamento da experiência deve-se à pressão do diferenciado em prol da uniformização da sociedade administrada, e à repressão do processo em prol do resultado. (Maar, 1995, p.25)

Em relação à padronização, notamos que a ausência da transcendência e a resultante imobilidade dos conceitos e das relações entre sujeito-sujeito e sujeito-objeto são uma constante nos regimes políticos autoritários e na concepção tecnicista, produzindo esta última, no campo da música, o que Adorno (1999, 1986) conceituou como procedimento protocolar.

Conforme vimos, a indústria cultural reduz os padrões musicais a uma forma caricata para divulgá-los sistematicamente junto às massas, a ponto de nelas produzir uma audição que se limita a reconhecer como música apenas as peças que utilizem os padrões estereotipados e que, pela repetição, se tornaram familiares, e por isso aceitos. No mercado musical (produção-consumo-demanda) isso funciona de modo que determinado elemento presente em uma canção que se tornou sucesso passa a ser visto como uma das razões para este sucesso. Tal elemento é então incorporado pelas técnicas de composição e arranjo que, por sua vez, reproduzirão este elemento em novas músicas:

Os padrões musicais da música popular foram originalmente desenvolvidos num processo competitivo. Quando uma determinada canção alcançava um grande sucesso, centenas de outras apareciam, imitando aquela que obtivera êxito [...] tendo o processo culminado na cristalização de *standards* [...] eles foram controlados por agências cartelizadas, resultado final de um processo competitivo, e rigidamente imposto sobre o material a ser promovido. O não seguir as regras do jogo tornou-se critério para a exclusão [...] os modelos *standard* acabaram sendo investidos e revestidos com a imunidade de grandeza: "o rei não pode errar". (Adorno, 1986, p.121)

A audição que reconhece como música apenas as peças que utilizem os padrões estereotipados é tão pouco aberta para a apreciação da pluralidade estética quanto pouco crítica em relação ao que é oferecido nos meios de comunicação de massa. Adorno chamou tal estado de audição de regressão da audição e o atribuiu ao que chamou de semiformação.

Percebemos que a semiformação é consequência e ao mesmo tempo causa da continuidade da padronização do elemento estético musical, uma vez que ela atinge tanto os processos de apreciação auditiva dos compositores como os dos ouvintes desses compositores. O uso dos padrões musicais por músicos semiformados dá-se de maneira sistematizada, transmitida e assimilada como técnica e como método de manipulação dos elementos estéticos. Esta situação artística distorcida faz com que as composições e os arranjos se distanciem da criatividade artística e se aproximem de simples produções protocolares. Conforme matéria publicada:

Os candidatos a músicos de sucesso podem ficar tranquilos. A se acreditar na empresa Polyphonic HMI, a partir de agora será fácil descobrir se uma canção pode chegar ao topo das paradas ou não. A empresa de Barcelona acaba de desenvolver um software chamado Hit Song Science (HSS), feito para descobrir sucessos antes de seu lançamento. A empresa jura que determinou que Nora Jones seria uma estrela meses antes que seu disco de estreia levasse oito

Grammy. "O software HSS procura por canções que compartilhem de traços musicais com sucessos conhecidos", disse a revista *New Scientist*. O programa identifica características como melodia, harmonia e ritmo, que podem levar uma canção para o sucesso. ("Será sucesso? Aperte o *enter*", *Jornal da Tarde*, 2003)

O programa realiza as seguintes operações:

> [...] analisa os padrões matemáticos escondidos num tema musical, isolando e separando cerca de 20 elementos que são usados na construção de uma canção, como o ritmo, a harmonia, a melodia, ou o tempo. Em seguida, o sistema cruza os dados obtidos com os de outros temas musicais retirados dos discos mais vendidos dos últimos 30 anos e atribui uma pontuação que indica se a música atingirá os primeiros lugares no top de vendas. ("Empresa lança software que prevê sucesso de uma música", *Diário Digital*, 2005)

O processo de produção industrial da cultura massiva está ontologicamente ligado ao espírito moderno da dominação científica, abaixo indicado como "projeto renovador". A serviço da indústria cultural, esse espírito abastece as necessidades do mercado de constantemente apresentar novos produtos para o consumo:

> O projeto *renovador* abrange dois aspectos, com frequências complementares: de um lado, a busca de um aperfeiçoamento e inovação incessantes, próprio de uma relação com a natureza e com a sociedade liberada de toda prescrição sagrada sobre como deve ser o mundo; de outro, a necessidade de reformular várias vezes os signos de distinção que o consumo massificado desgasta. (Garcia Canclini, 1997, p.31-2)

Mas, dentro do mercado da indústria cultural, os produtos musicais que são apresentados como novos não podem ser novos de fato, uma vez que para serem aceitos devem estar dentro dos padrões musicais já cristalizados nos processos de audição regredida das massas, para que permitam uma imediata recepção – recepção por reconhecimento. O *novo* corresponde apenas ao anúncio da novidade de mais um produto para estímulo do consumo, mas o que se espera desse novo produto é que o ouvinte reconheça nele os tradicionais padrões musicais difundidos pela indústria cultural. Vinte e sete anos antes do surgimento do software supracitado, Adorno escreve sobre a exploração da indústria cultural na recepção do ouvinte e sobre os processos de padronização, de reconhecimento e de distinção musical:

> [...] para ser promovido, um *hit* deve ter ao menos um traço através do qual possa ser distinguido de qualquer outro, e ainda possuir a completa convencionalidade e trivialidade de todos os demais. O presente critério, pelo qual uma música é julgada digna de promoção, é paradoxal. A gravadora quer uma peça musical que seja fundamentalmente idêntica a todos os *hits* concorrentes e, ao mesmo tempo, fundamentalmente distinta deles. Só sendo a mesma é que tem chance de ser vendida automaticamente, sem requerer nenhum esforço da parte do usuário [...] E só sendo diferente é que ela pode ser distinguida de outras canções – o que é um requisito para ser lembrado e, portanto, ser um sucesso. [...] O traço distintivo não precisa necessariamente ser melódico, mas pode consistir em irregularidades métricas, acordes, ou timbres sonoros peculiares. (Adorno, 1986, p.126)

A criação de um software para medir a fidelidade de uma canção aos padrões musicais comercialmente mais aceitos ajusta-se à descrição abaixo sobre as circunstâncias da produção cultural industrializada, na qual os artistas trabalham submetidos ao critério de especialistas:

> Quais são esses acontecimentos não artísticos reproduzidos no filme? A resposta está na forma *sui generis* com que o ator cinematográfico representa o seu papel. Ao contrário do ator de teatro, o intérprete de um filme não representa diante de um público

qualquer a cena a ser reproduzida, e sim diante de um grêmio de especialistas – produtor, diretor, operador, engenheiro de som ou da iluminação etc. – que a todo momento tem o direito de intervir. (Benjamin, 1986, p.178)

A padronização é o pilar da produção para as massas, porque possibilita a rápida assimilação dos sucessos do momento, bem como sua substituição à mercê da indústria cultural, que anuncia como novo o que é, de novo, tão igual. Vemos que o espírito do fast-food[8] está presente no modismo sempre tão passageiro do seu relativo musical: o *fast music*. O depoimento do compositor E. Gudin traz a questão do tempo no fazer musical de músicos que não trabalham com sistema protocolar:

> Anamaria: "Se você tiver que fazer música encomendada, com prazo, ou música em larga escala, você acha que ficaria prejudicado?"
> Eduardo Gudin: "Ficaria, mas eu faço também. Agora, depende do tempo, viu. Por exemplo, se o cara pede um para você fazer... [pausa] vamos supor, se tiver um tempo grande, ou se for uma coisa que você queira muito fazer, uma canção pra um filme, e que você veja aquele filme e que você tenha um tempo bom pra fazer... não pro dia seguinte, não é? Então, se você tiver vontade, fatalmente vai te levar pra um estado de espírito tal que você vai acabar fazendo uma coisa bonita mesmo, sem se prejudicar. Mas aí tem a questão do tempo."
> A.: "De você ter um tempo pra se envolver naquele clima..."
> E. G.: "É claro, pra poder dar o tempo de maturar, de fazer direito, não é? Agora, se tiver que fazer correndo, a gente também faz, pela prática, pelo conhecimento não tem problema."

---

8 Após a redação deste tópico, encontramos uma passagem que ilustra com precisão o sentido da rapidez como valor na produção e assimilação dos bens simbólicos: "Todos os anos se realiza em Alcalá de Henares um concurso de literatura rápida, em que os participantes devem escrever um conto em menos de três minutos. O vencedor é premiado pelo McDonald's na filial mais próxima à casa onde nasceu Miguel de Cervantes" (Garcia Canclini, 2007, p.151).

A.: "Mas você acha que fica prejudicado?"
E. G.: "Acho. Eu acho." (Gudin, 2003)

Como vimos anteriormente, o elemento estético das músicas produzidas no sistema protocolar tem uma diminuta capacidade de significado artístico e espiritual e fica reduzido à dimensão material, apenas tornando a música em objeto audível, com padrões estéticos facilmente reconhecidos. Se isso acontece, então as possibilidades auditivas dos ouvintes desse tipo de música também se aproximam menos da autêntica apreciação artística e mais do simples consumo, bem ao gosto do valor capitalista e da função de entretenimento atribuída ao produto musical.

O termo semiformação sugere a ideia de um estágio antecedente à formação plena, mas do ponto de vista de Adorno (1986) a semiformação não é um estágio do processo de formação e sim um estado limítrofe, no qual a formação fica estagnada sem ter sido concluída.

Segundo Adorno (1995) e Pucci (2003), na relação entre o estado de semiformação e os hábitos de audição musical o indivíduo não escolhe autonomamente as músicas para apreciação – ou mesmo para criação. A individualidade torna-se inoperante e o sujeito passa a compor a massa de consumidores de mercadorias culturais, cuja produção é orientada pela indústria cultural. Já para aqueles indivíduos que tiveram experiências formativas, o bem cultural não adquire o valor de mercadoria, mas responde a escolhas individuais que não seguem os modismos massificados da indústria cultural. Tampouco responde ao valor comercial atribuído por fetichismo (Adorno, 1999, p.77-8) a muitas de suas mercadorias, como no caso dos shows de cantores e grupos musicais que estejam na moda. Adorno (1996, p.400) indica que: "A semiformação é o espírito conquistado pelo caráter de fetiche da mercadoria".

É adequado considerar que a indústria cultural é o veículo de criação e distribuição de uma gama inumerável de diferentes produtos. Na meta de alcançar os mais diversos segmentos de consumo, são oferecidos produtos para os vários perfis de consumidores culturais. Não ignoramos que haja dentro da indústria cultural segmentos que trabalham com alta qualidade artística. Estamos tratando aqui da música de massa, cujo modismo é imposto, cujos estilos e os intérpretes apontados como os predominantes variam, às vezes, a cada verão. É por essa massificação e pela exploração do modismo que é possível criar, estimular e manipular o consumo dos bens culturais. O mesmo não se observa em relação aos apreciadores dos segmentos considerados como diferenciados, cuja apreciação, ainda que pelas vias do consumo, obedece mais às escolhas pessoais do que à moda da indústria cultural.

A formatividade, processo tecido na experiência e na reflexão, capacita o indivíduo para uma apreciação estética crítica, plena e pluralista. Tal pluralismo vem reforçar a individualidade tanto do apreciador como do artista e, também, da diversidade e da riqueza das obras de arte em si. Observa Maar (1995, p.25) que:

> [...] o conteúdo da experiência formativa não se esgota na relação formal do conhecimento [...] mas implica uma transformação do sujeito no curso do seu contato transformador com o objeto na realidade. Para isto se exige tempo de mediação e continuidade, em oposição ao imediatismo e fragmentação da racionalidade formal coisificada, da identidade nos termos da indústria cultural. [...] Para Adorno, o travamento da experiência deve-se à pressão do diferenciado em prol da uniformização da sociedade administrada, e à repressão do processo em prol do resultado.

Não seria possível à indústria cultural manter as massas em um estado de audição regredida sem que as mesmas estivessem também num estado mais amplo e comprometedor do desenvolvimento, que é o estado de semiformação. Nesse contexto, a música massificada, com elementos estéticos padronizados, é por nós entendida como um dos objetos da mediação sujeito-realidade que aprisionam o sujeito no estado de semiformação.

A regressão da audição, como o próprio termo indica, é uma diminuição da capacidade de ouvir. Esta diminuição não se dá no sentido imediato do sensível – da dimensão material do elemento musical –, mas no sentido subjetivo, que se refere à recepção e apreciação estética na dimensão espiritual do elemento. O sujeito no estado de audição regredida fica condicionado a perceber como música apenas determinados padrões musicais. Da mesma forma que um analfabeto funcional enxerga letras e lê palavras, mas não compreende o texto lido, o sujeito com a audição regredida escuta, mas é incapaz de perceber e interpretar combinações musicais complexas, inesperadas ou diferentes das que está habituado. Embora a questão de gosto musical possa estar aqui incluída, não é dela de que tratamos. Tratamos antes da recepção de determinados estilos e padrões musicais por parte dos ouvintes; da forma condicionada como esses ouvintes reagem e se comportam e da forma como essa reação se associa aos modelos e padrões musicais da indústria cultural.

O ouvinte ideal, ainda que de formação leiga, é apontado pelo músico e compositor americano Copland (1974, p.72) como um sujeito capaz de distinguir e apreciar a música de forma autônoma nos seus diferentes aspectos.

> O ouvinte ideal está ao mesmo tempo dentro e fora da música [...] desfrutando dela, desejando que ela fosse para um lado e observando que ela vai para o outro. [...] Uma atitude subjetivo-objetiva está implícita na criação e na apreciação da música. [...] simplesmente tornando-se um ouvinte mais atento e consciente, não alguém que está apenas ouvindo, mas alguém que está ouvindo alguma coisa.

Entendemos que a existência de tal ouvinte é, necessariamente, resultado da possibilidade de experiências formativas no campo da música e da linguagem estética em geral, experiências estas que, conforme constatamos, são dificultadas pelo loteamento do espaço sonoro, uma vez que este loteamento utiliza músicas padronizadas.

Em relação às consequências da semiformação e da regressão da audição, destacamos aqui duas delas, que adquirem significados complementares em relação ao comportamento social dos ouvintes da música industrializada. Uma é a interpretação que a sociedade, em geral, faz acerca dos sujeitos que resistem às músicas padronizadas, que estejam nas paradas de sucesso, interpretando essa resistência como sinal de má cidadania (Adorno, 1986, p.142). A outra consequência é o entusiasmo com que as massas, compostas por sujeitos em estado de semiformação, respondem aos sucessos musicais do momento. Este entusiasmo – às vezes furioso – é uma tentativa de solução individual para o conflito no qual o sujeito, enquanto indivíduo, constrói uma adesão forçada (ibidem, p.141-5) aos produtos da indústria cultural, aos quais ele, enquanto massa, encontra dificuldades em resistir.

A experiência formativa constrói a autonomia do sujeito para que ele se torne o responsável pelas suas escolhas musicais, independentemente da pressão e da opressão da indústria cultural – o que elimina a necessidade de se recorrer ao artifício da adesão forçada. Nesse contexto, a experiência formativa é por nós compreendida como uma possibilidade estratégica de fortalecer o indivíduo, para que ele identifique e enfrente a relação opressiva que se dá quando a sociedade interpreta sua resistência aos produtos da indústria cultural como sinal de má cidadania.

Adorno (ibidem, p.144-5) usa fundamentos da psicanálise para compreender de que modo as massas reagem às imposições musicais da indústria cultural:

> Entusiasmo pela música popular requer deliberada resolução por parte dos ouvintes, que precisam transformar a ordem externa a que são subservientes em uma ordem interna. A atribuição da energia libidinal a mercadorias musicais é algo manipulado pelo ego. [...] Todo o âmbito do fanatismo e da histeria coletiva do *jitterbug* em relação à música popular está sob o ditame da decisão voluntária carregada de rancor. [...] O ego, ao forçar o entusiasmo, precisa hiperforçá-lo, na medida em que o entusiasmo "natural" não bastaria para cumprir a tarefa e vencer a resistência.

Contudo, existe por parte da indústria cultural a estratégia comercial de constantemente oferecer novos produtos para consumo. Uma vez que os sujeitos aderem aos produtos da indústria cultural, esta promove novos músicos e estilos com a mesma rapidez com que os abandona. O desprezo que sucede por parte do público aos cantores e grupos musicais quando estes deixam de ser sucesso tem origem no sentimento de rancor. Rancor pela aceitação forçada a que foram anteriormente submetidos.

> Os hábitos de audição em massa hoje são *ambivalentes*. Essa ambivalência, que se reflete sobre toda a questão da popularidade da música popular, precisa ser cuidadosamente examinada, para que se lance alguma luz sobre as potencialidades da situação. [...] A rapidez com que o moderno se torna obsoleto tem uma implicação muito significativa. [...] A "loucura" ou frenesi por uma determinada moda contém em si a latente possibilidade de fúria. [...] gostos que tenham sido impostos aos ouvintes provocam desforra no momento em que a pressão é relaxada. Os ouvintes compensam sua "culpa" por terem tolerado o sem valor, tornando-o ridículo. (ibidem, p.141-2)

A adesão forçada está diretamente ligada ao sistema de coerção social sob a interferência da indústria cultural. Benjamin (1986, p.187-8) indica o processo de coerção na apreciação dos produtos culturais, analisando o que nesse aspecto ocorreu com o cinema, no qual "as reações do indivíduo, cuja soma constitui a reação coletiva do público, são condicionadas, desde o início, pelo caráter coletivo dessa reação. Ao mesmo tempo que essas reações se manifestam, elas se controlam mutuamente".

O sujeito experimenta um conflito ao perceber que seu desejo de autonomia enfrenta a imposição externa exercida pela indústria cultural – ainda que não tenha o conceito de indústria cultural. Como ele não percebe o mesmo desejo de autonomia nos grupos dos quais faz parte, submete-se ao que está sendo imposto. Os indivíduos que dão voz ao seu desejo de autonomia e se mostram resistentes, recusando-se a compartilhar a apreciação das músicas cotidianamente divulgadas pela indústria cultural, recebem a desaprovação dos que se submetem a ela. Desse modo:

A resistência é encarada como um sinal de má cidadania, como incapacidade de se divertir, como falta de sinceridade do pseudointelectual, pois qual é a pessoa normal que poderia se colocar contra essa música normal? [...] Assim, a desproporção entre a força de qualquer indivíduo e a concentrada estrutura social fazendo pressão sobre ele destrói a sua resistência e, ao mesmo tempo, adiciona-lhe má consciência devido à sua vontade de resistir a tudo. (Adorno, 1986, p.142-3)

Entendemos que a decisão do sujeito, por reagir de forma a aceitar a cultura musical massiva, implica uma autoavaliação de sua vulnerabilidade e de suas condições objetivas de resistência. Os escritos de Adorno que tratam das relações entre indústria cultural e massa podem, num primeiro momento, parecer atribuir a esta uma feição predominantemente passiva e até certo ponto ingênua. Contudo, as considerações que Adorno faz em relação ao processo de adesão forçada e de repúdio à resistência devolvem às massas a perspicácia e o raciocínio – ainda que em estado inconsciente – dos quais, em alguns textos, elas pareciam estar desprovidas. Acreditamos que os objetos centrais das preocupações do filósofo, nos estudos que realizou acerca dos modos de dominação psicossociais, tenham sido justamente a danificação da consciência nas massas e as reações das massas a essa danificação.

Uma vez identificados conteúdos do inconsciente, de ordem narcísica e paranoica, na formação e dominação das massas, esses conteúdos são objeto de atenção no sentido de tornar claro o funcionamento e o potencial deles, já que esses conteúdos, apesar de subjetivos, são instrumentos objetivamente utilizados para a formação da cultura de massas, caracterizada por uma dominação "psicológica, não em função do apelo às convicções racionais, mas pela imposição autoritária de objetivos irracionais, que são alcançados despertando-se habilmente nas massas uma porção de sua 'herança arcaica'" (Amaral, 1997, p.24).

Além de a sociedade assentir à música padronizada com o entusiasmo decorrente da adesão forçada e de atribuir às possíveis resistências o caráter de má cidadania (Adorno, 1986, p.142), o processo de produção musical estandardizada por procedimento protocolar é reforçado pela distorção do conceito de criatividade artística.

Podemos notar que, apesar de habitarmos num mundo excessivamente construído e em renovações constantes, a criatividade tem sido uma palavra de ordem e vem ocupando o lugar de honra entre as exigências pessoais e profissionais [...] evoca uma reflexão sobre se aquilo que mais exibimos de fato não seria o que mais nos falta. (Oliveira, 2001, p.41)

A criatividade está sendo confundida com produtividade e se distanciando, cada vez mais, da criatividade artística, ancorada na estética e nas experiências psíquicas, e se aproximando de um modo de produção objetivado, onde produz a si mesma como mercadoria. Nesse sentido, a terceira consequência da semiformação no contexto da padronização musical se vincula à objetificação e à massificação dos processos artísticos, e aos produtos da indústria cultural que por eles são gerados. Esses produtos são destinadas ao consumo das massas com a finalidade de, na categoria de entretenimento, oferecer a pseudogratificação pela dessublimação repressiva.

Para Adorno (1986), as conexões entre os regimes totalitários e a sociedade de massa indicam a sempre presente necessidade de compreender o nazismo não como um fato histórico isolado, mas como a manifestação de sintomas que existem na sociedade. Para Marcuse (1969), a arte possibilita a gratificação do indivíduo, por objetos cuja síntese estética oferece a sublimação não repressiva.

Entendemos que os produtos musicais padronizados, produzidos pela lógica da criatividade pervertida em produtividade, concorrem para a diminuição na capacidade de intersubjetividade dos sujeitos, e que estes, tendo que se relacionar com a realidade sem o recurso da sublimação, são capazes de lançar mão da barbárie para a gratificação. "Como já notamos, a falta de intersubjetividade provoca o intersubjetivo, quer dizer, corre-se o risco de predispor, à vida psíquica, a realização alucinatória do desejo" (Oliveira, 2001, p.41-2).

Dentro do contexto exposto, no sentido da produção industrial para o mercado musical, observamos que o tempo deve ser diminuído em todas as etapas. Pouco tempo para a produção musical, utilização de padrões musicais que requeiram pouco tempo para serem reconhecidos e assimilados pelos ouvintes e pouco tempo de apreciação para o ouvinte, que, em pouco tempo, deverá consumir um novo/quase idêntico produto musical.

4
LOTEAMENTO DO ESPAÇO SONORO

Devaneio musical

Até quem sabe a voz do dono
Gostava do dono da voz
Casal igual a nós, de entrega e de abandono
De guerra e paz, contras e prós

Fizeram bodas de acetato – de fato
Assim como os nossos avós
O dono prensa a voz, a voz resulta um prato
Que gira para todos nós

O dono andava com outras doses
A voz era de um dono só
Deus deu ao dono os dentes, Deus deu ao dono as nozes
Às vozes Deus só deu seu dó

Porém a voz ficou cansada após
Cem anos fazendo a santa
Sonhou se desatar de tantos nós
Nas cordas de outra garganta
A louca escorregava nos lençóis
Chegou a sonhar amantes

E, rouca, regalar os seus bemóis
Em troca de alguns brilhantes

Enfim, a voz firmou contrato
E foi morar com novo algoz
Queria se prensar, queria ser um prato
Girar e se esquecer, veloz

Foi revelada na assembleia – ateia
Aquela situação atroz
A voz foi infiel trocando de traqueia
E o dono foi perdendo a voz

E o dono foi perdendo a linha – que tinha
E foi perdendo a luz e além
E disse: Minha voz, se vós não sereis minha
Vós não sereis de mais ninguém

O que é bom para o dono é bom para a voz
O que é bom para o dono é bom para a voz

(Hollanda, *A voz do dono e o dono da voz*, 1982)

O público não percebe as estratégias e sim
o lado visível das técnicas.

(Távola, 1996, p.126)

Fim do devaneio musical

Figura 1 – Anúncio Victrola.
Reprodução
Fonte: *Fon-Fon* [Revista], 1923, n. 22, verso da contracapa.

A fim de fazer máximo uso da memória musical, a indústria cultural alia à padronização musical o loteamento do espaço sonoro. Este mecanismo permite difundir maciçamente a música padronizada, até que pela audição repetida e pelo processo de reconhecimento ela se efetive nas massas como valor desejável para consumo.

A pesquisa de campo contida neste estudo revelou que os elementos fundamentais à ideia de loteamento do espaço sonoro – elementos primários[1] – podem vir acompanhados de outros elementos – elementos secundários. São estes: terceira programação (Adorno, 1995) no espaço escolar; validação pela indústria cultural às atividades envolvendo música; repertório musical orientado pela mídia; ingenuidade pedagógica (ou desconsideração por parte dos educadores e responsáveis pelo espaço escolar dos efeitos negativos em relação ao teor e à mensagem das músicas); prática da Educação Musical nos moldes da indústria cultural (tomar o uso da tecnologia e/ou atividades musicais de entretenimento por fazer artístico); dissonância perceptual (Arnheim, 1988).

O que chamamos espaço sonoro encontra correspondência na definição de Garcia Canclini (2007, p.175) sobre "esfera pública", considerando a transformação que a interface dos atuais meios de comunicação realizam: "os contornos espaciais do [espaço] público se esbarram e hoje devemos concebê-lo com imagens de circuitos e fluxos que extrapolam os territórios". Esse autor baliza também o caráter político e ético contido nesse redimensionamento do espaço público:

> Pergunto-me como construir uma esfera pública transacional onde as concepções culturais, e suas respectivas políticas, não sejam incomensuráveis. Quatro modelos entram em jogo: o sistema republicano europeu de direitos universais, o segregacionismo multicultural dos Estados Unidos, as integrações multiétnicas sob

---

1 Uso da tecnologia para atingir o ouvinte; audição involuntária; inviabilização do silêncio; execução de músicas padronizadas e de fácil acesso nos meios de comunicação de massa, conforme Introdução.

o Estado-Nação nos países latino-americanos, e – atravessando todos eles – a integração multicultural propiciada pelos meios de comunicação. (Garcia Canclini, 2007, p.12)

Nosso conceito de espacialidade baseia-se na recepção do sujeito. Assim, o espaço sonoro equivale a toda e qualquer possibilidade de um som ser escutado e, nesse sentido, contabilizamos a tecnologia e a interface dos meios de comunicação pela solicitação que fazem dos sentidos. Ao uso comercial do espaço sonoro chamamos de loteamento, e podemos dizer que é predominantemente a indústria cultural que, de alguma forma, compra e utiliza esse espaço, embora não consigamos indicar quem o vende. Entretanto, não nos pode escapar que, pertencendo o espaço sonoro à esfera pública, o Estado tem – ou deveria ter – a tarefa de zelar por ele, e precisamente por isso acreditamos ser oportuno conceituá-lo voltando os olhos para uma noção de espacialidade que se harmonize com o presente.[2]

Sobre a responsabilidade do Estado na preservação e no uso democrático da esfera pública, e sobre importância da circulação e recepção dos bens simbólicos, Garcia Canclini (2007, p.177, grifo nosso) diz:

"O Estado não deve interferir na cultura", ouvimos com frequência. Esse princípio foi útil para opor-se à censura, ao autoritarismo e ao paternalismo que sufocam a criatividade social. Mas, se aplicado não apenas à criação, mas ao conjunto de processos de criação de bens culturais, implica em deixá-lo entregue ao arbítrio dos atores mais poderosos. Pressupõe, segundo concepções idealistas, que a criação cultural só é realizada por indivíduos e na intimidade. *Isto é difícil de sustentar em face das pesquisas antropológicas, sociológicas e comunicacionais que mostram que a criação cultural se faz também na circulação e na recepção.* As

---

2 Para fins de ilustração, diríamos que definir a ideia de espaço sonoro a partir das possibilidades de comunicação sonora contemporâneas pode ser tão oportuno quanto foi definir o conceito de espaço aéreo, que, aliás, supomos, só passou a existir em virtude da aviação.

empresas privadas, embora declarem defender a liberdade criativa dos indivíduos, ao mesmo tempo realizam as maiores intervenções na seleção do que vai circular ou não, condicionam a "criação" ou "invenção" de indivíduos e grupos. Não cabe ao Estado indicar aos artistas o que eles devem compor, pintar ou filmar, mas ele tem responsabilidade sobre o destino público desses produtos para que sejam acessíveis a todos os setores e para que a diversidade cultural possa ser manifestada e apreciada.

Tão distante estão de nós e tão despersonificados aqueles que se beneficiam do loteamento do espaço sonoro pela indústria cultural que a ideia de esse processo se dar de modo sistemático pode parecer, até certo ponto, exagerada. Quem, afinal, são os autores desse processo? Tratar-se-ia apenas de um sistema, cujo funcionamento escapa à administração comercial/industrial, e que esteja circunstancialmente existindo e se autobeneficiando? Para uma ideia mais concreta da existência e funcionamento desse sistema, a dimensão econômica dele nos serve de aporte para compreender o quão concreto e objetivo, ou, diríamos, objetivado é o uso do que aqui chamamos de loteamento do espaço sonoro. As cifras e os dados abaixo indicados nos parecem concretos o suficiente para deduzirmos que se liguem a pessoas que deles se beneficiam economicamente:

> Onde a globalização é mais patente como padrão reordenador da produção, da circulação e do consumo, é nas indústrias audiovisuais: cinema, televisão, música, mais os circuitos informáticos, como um quarto sistema que funciona, em parte, associado aos outros na integração multimídia. A rápida expansão das indústrias culturais encerrou a época em que a cultura era considerada um luxo improdutivo. Tampouco pode ser entendida como mero instrumento de influência ideológica, como se fez com os meios de comunicação de massa até duas décadas atrás, embora sem dúvida ainda tenha esse papel dentro de cada nação, agora para divulgar e tornar persuasivos os discursos globalizadores. Mas a economia mundial tem nas indústrias culturais muito mais do que um recurso

para moldar imaginários. É uma de suas atividades econômicas mais rentáveis. Quantas indústrias rendem lucros comparáveis aos da audiovisual, que giram em torno dos US$ 300 bilhões ao ano? Só o do mercado fonográfico saltou, entre 1981 e 1996, de US$ 12 a 40 bilhões, sendo que 90% deste montante se concentra em cindo *majors*: BMG, EMI, Sony, Warner e Polygram Universal. A disputa entre os Estados Unidos, a Europa e o Japão não é apenas pela influência ideológica, uma vez que os lucros com as exportações são o primeiro item da economia norte-americana, e em vários países europeus as indústrias culturais geram cerca de 3% do PIB, e aproximadamente meio milhão de empregos em cada uma das sociedades mais desenvolvidas. (Garcia Canclini, 2007, p.144-5)

Conforme dissemos acima, a recepção é o que norteia nosso entendimento sobre a dimensão do espaço sonoro. A esse respeito, observamos que cotidianamente somos submetidos ao loteamento do espaço sonoro, muitas vezes sem que o percebamos. A música ambiente, por exemplo, é entendida, de modo geral, como algo que preenche o vazio e diminui o tédio dos momentos ociosos ou proporciona prazer quando se realiza uma atividade qualquer. Usada em salas de espera, banheiros de lojas, shoppings, academias de ginástica, restaurantes e ambientes diversos, constitui um assédio involuntário que o ouvinte sofre, posto que ele vai aos lugares para outras atividades, mas é obrigado a ouvi-la. Anunciada como uma vantagem extra, que se oferece junto com determinado produto ou serviço, a música ambiente não só impede o silêncio, como também inviabiliza que a maioria das pessoas use a memória musical e o ouvido interno para realizar a audição interna de uma música de sua escolha. Dessa forma, todos que em determinado momento estiverem no mesmo ambiente se tornam ouvintes da mesma música.

Com o loteamento do espaço sonoro, a indústria cultural exibe seus produtos e valores para que as pessoas ouçam, a princípio involuntariamente, sem comprar, o que posteriormente comprarão para ouvir. Em "Sobre a música popular", na seção "Teoria do ouvinte", Adorno (1986, p.130-6) sustenta que a receptividade do sujeito para com determinada música é proporcional ao grau de reconhecimento que encontra nos padrões dela.

O processo de reconhecimento é potencializado pelo uso de músicas padronizadas, com modelos e elementos estéticos estereotipados. Estereotipar elementos estéticos, padronizá-los e difundi-los maciçamente é o mecanismo que permite à indústria cultural apropriar-se das criações genuinamente artísticas e derivar da arte autônoma os produtos de baixa qualidade artística, destinado ao consumo das massas. As consequências dessa apropriação e distorção têm grande alcance, e retroagem de modo a alterar mundialmente a criação artística e as produções simbólicas como um todo:

> O que significa essa transformação para a cultura de elite? Se a cultura moderna se realiza ao tornar autônomo o campo formado pelos agentes específicos de cada prática – na arte: os artistas, as galerias, os museus, os críticos e o público –, as fundações de mecenas, totalizadoras atacam algo central desse projeto. Ao subordinar a interação entre os agentes do campo artístico a uma única vontade empresarial, tendem a neutralizar o desenvolvimento autônomo do campo. Quanto à questão da dependência cultural, apesar de a influência imperialista das empresas metropolitanas não desaparecer, o enorme poder da Televisa, da Rede Globo e de outros órgãos latino-americanos está transformando a estrutura de nossos mercados simbólicos e sua interação com os dos países centrais. (Garcia Canclini, 1997, p.93)

Nesse cenário os produtos eletrônicos tornam-se significativos instrumentos do loteamento do espaço sonoro. Através da mídia eletrônica, com seus timbres e modelos musicais característicos, tanto obras clássicas como composições específicas para esses produtos podem ser igualmente ouvidas, de forma estereotipada, em telefones celulares, em mensagens de espera telefônica, na sonorização de videogames e computadores e em uma infinidade de sons que acompanham os modernos utensílios eletrônicos. Dessa forma a tecnologia é a grande aliada no processo de loteamento do espaço sonoro:

Foram essas concepções frankfurtianas que inspiraram uma crítica à política que toma prioritariamente a questão da técnica como dominação. *Não se trata, pois, de discutir a democracia, mas de questionar a tecnologia.* O *modus operandi* da televisão é, para os frankfurtianos, uma das formas da destituição e do ataque aos direitos humanos, pois oblitera a autonomia do pensamento e inflaciona a mente de preconceitos e adestramento das consciências de maneira subliminar. (Mattos, 1993, p.70, grifo nosso)

Por sua vez, o potencial que os diversos segmentos da indústria cultural têm para lotear o espaço sonoro é diretamente proporcional ao poder – poder de compra – para utilizar a tecnologia existente. Destarte, o monopólio do capital possibilita o monopólio ideológico, no uso de linguagem musical que loteia o espaço sonoro. Se a música padronizada encontra, na sociedade, a função de distrair as massas para que elas mantenham o modo de produção, podemos dizer que há um acordo de conveniências entre a indústria cultural e os beneficiários do modo de produção.

O poder da indústria cultural se amplia a partir da globalização e da tecnologia. Nesse sentido, o maestro Julio Medaglia (1988, p.248) comenta a difusão da música pela tecnologia no processo de globalização:

> É que o satélite tem mão única. Se ele agisse sempre como na área da telefonia, ou seja, na base do vaivém, estaria tudo OK. Mas, culturalmente, ele é tendencioso. Quem é dono do satélite faz passar por ele a informação que quer e, evidentemente, a dele, a de seus interesses. Depois que começou a funcionar o satélite que transformou a humanidade numa "aldeia global", como afirmam alguns, a mesma humanidade não passou a conviver com a música de Bali, da Índia ou de Caruaru. Em compensação, nessas localidades ouve-se diariamente tudo o que é produzido e gravado nos estúdios de som de Nova Iorque ou Los Angeles.

Tendo em vista a interface atual dos meios de comunicação que configura o universo audiovisual, temos uma representativa descrição de como o uso associado dos sentidos potencializa a recepção. O aprisionamento da música à imagem (Adorno; Horkheimer, 1988), levado do cinema para a televisão, viabilizou o aparecimento de uma nova[3] indústria cultural, a indústria fonográfica de trilhas sonoras:

> O que aconteceu foi o seguinte. No final dos anos 60, pelo trabalho realizado na Tupi e na Excelsior de São Paulo pelo Roberto Freire, Walter Avancini, Guarnieri, Bráulio Pedroso e outros, as novelas abandonavam aquela linha do dramalhão méxico-cubano à la *Direito de nascer* para se voltarem para a realidade nacional. Tornando-se mais "crônica de costumes", elementos daquela atualidade passavam a comparecer mais nas teleteatralizações. Como a música era muito criativa na época e muito diversificada, e um excelente repertório internacional também se ouvia no Brasil – o da *rock age* – ela passou a integrar a feitura das novelas de uma forma mais ativa. Salatiel Coelho fez a experiência de colocar inclusive música cantada no seu desenvolvimento. Com isso descobriu-se que a trilha de novela com canções vendia disco pra burro. Cada uma passou a contar com um LP especialmente montado – inédito ou não – e assim o cancioneirismo passou a agir também na área da sonoplastia, como "fundo" da novela. Com a ascensão da Globo nos anos 70, essa emissora chegou a criar uma empresa paralela para comercializar esses LPs, a Som Livre. Com isso, com o passar do tempo, a sonoplastia deixa de ser composta da chamada "música incidental" para se transformar quase num elemento de merchandising da firma de disco. (Medaglia, 1988, p.283-4)

Constatamos que o loteamento do espaço sonoro se tornou tão ostensivo na sociedade hodierna que, juntamente com os ruídos

---

3 Garcia Canclini (2007) utiliza indistintamente as expressões indústria cultural e indústrias culturais. Entendemos que isso se deve às multiplicidades e especialidades a que chegou a industrialização da cultura na sociedade contemporânea.

características das cidades, gerou uma demanda pelo silêncio. A indústria cultural também se aproveita dessa demanda, e oferece produtos que funcionam como pretensos substitutos ao silêncio. O turismo ecológico,[4] os CDs com sons da natureza, as minifontes de água e os produtos afins cumprem a afirmação de Adorno (1970, p.85): "Sentir a natureza, o seu silêncio, tornou-se um privilégio raro e comercialmente explorável".

Embora tanto a poluição sonora como o loteamento do espaço sonoro configurem formas de abuso sonoro, diferenciamos cada uma delas. A poluição sonora realiza o abuso sonoro como consequência não intencional de ações intencionais. Já no loteamento do espaço sonoro, tal abuso constitui finalidade específica, cujo disfarce em que se oferece como benefício e em que busca se legitimar como comportamento social espontâneo este trabalho se empenha em esquadrinhar.

Em relação à tecnologia, sua importância no processo de loteamento do espaço sonoro transcende o uso objetivo daquela, como recurso de amplificação e emissão sonoras. Um relevante aspecto que observamos diz respeito aos produtos eletroeletrônicos. Estes produtos, por integrarem o universo de bens que, de forma geral, são desejados para o consumo, em certa medida também induzem ao consumo da música fetichizada e da produção cultural coisificada, em virtude da mediação simbólica que realizam. O autor abaixo indica a percepção de Adorno sobre a forma como o homem se relaciona com os produtos tecnológicos, para em seguida comentá-la, tendo em vista a dimensão que esta tomou na contemporaneidade:

> E teve [Adorno] a sensibilidade para captar a relação de simpatia e identificação que as pessoas estabelecem com os objetos tecnológicos. Estes, que deveriam ser instrumentos criados para propiciar uma existência digna do ser humano, se transformaram

---

4 O turismo ecológico não é produto da indústria cultural da mesma forma que o CD, mas, para a reflexão proposta, ambos se adéquam como oriundos dos impedimentos do modo de vida urbano que o capitalismo percebe como demanda de mercado e para a qual oferece seus produtos.

em seres com vida própria, descolados da realidade do homem, utilizados para exigir dele amor, submissão, paixão. [...] Combater a tecnologia equivale hoje em dia a opor-se ao espírito do mundo contemporâneo. As pessoas parecem resignadas à multiplicação indiscriminada dos "objetos vigilantes, comunicantes" e de todos os produtos da tecnificação. Têm com eles uma relação libidinosa. E as relações entre as pessoas, mediadas pela tecnologia, tornam-se insensíveis, funcionais, deixam-se congelar. (Pucci, 2003, p.13-4)

A tecnologia acompanha muitos produtos da indústria cultural e lhes empresta seu *status* de modernidade. Esse *status* simboliza a mentalidade de uma época em que a ciência, enquanto paradigma de racionalidade, tem modificado seu próprio caminho, de modo que, na contemporaneidade:

Terão seu lugar todos os que passem das tradições à modernidade, das humanidades clássicas às ciências sociais, ou, melhor, das ciências brandas às duras. Os símbolos de prestígio que são menos encontrados na cultura clássica (livros, quadros, concertos) são transferidos aos bens tecnológicos (computação, sistemas), ao equipamento doméstico suntuoso, aos lugares de lazer que consagram a aliança das tecnologias avançadas com o entretenimento. (Garcia Canclini, 1997, p.357)

A depender do grau de autonomia que o sujeito tenha para a apreciação musical, ao comprar um equipamento de reprodução sonora (CD *player*, DVD, MP4, celular ou outro) ele poderá submeter-se automaticamente a uma audição involuntária, porque a maioria desses aparelhos inclui, como brindes, músicas, CDs e arquivos de demonstração que, em alguma medida, orientam a escuta e o aprendizado de padrões musicais. Dessa forma, o meio de reprodução sonora (equipamento) se funde com o produto (música) a ser reproduzido e influencia a escolha do sujeito em relação ao que irá ouvir.

Consideramos que os objetos tecnológicos atuam no loteamento do espaço sonoro em dois sentidos: objetivamente, possibilitam a audição dos padrões musicais pela reprodução e amplificação sonoras e, subjetivamente, emprestam a esses padrões parte da credibilidade de que gozam, enquanto bens desejáveis para o consumo, desenvolvidos e aprovados pela ciência. Neste viés foi possível perceber certa correspondência entre a autoridade da indústria cultural como "sabedoria de uma utilidade pública" (Pucci, 2003, p.25) e a fé no sistema de peritos (Giddens, 1991), como mecanismo validador dos aparelhos tecnológicos existentes no mercado. Segundo este autor as pessoas usam, cotidianamente, produtos e tecnologias cujo funcionamento não compreendem. Assim, embora não saibamos explicar como certo equipamento eletrônico funciona, como identifica, lê e amplifica o sinal sonoro, nem tenhamos como saber com certeza se o equipamento que temos em mãos funcionará corretamente ou se fará algum dano à nossa saúde, o usamos corriqueiramente, sabendo que, para ser legalmente fabricado e vendido, o equipamento deve ser aprovado por órgãos avaliadores e reguladores, criados na sociedade para esse fim. Temos, por isso, uma expectativa positiva de que o equipamento funcione conforme este se anuncia e não nos ofereça danos.

A depender da dimensão dessa expectativa, o autor faz uma distinção entre confiança e fé: o sujeito que tem confiança no sistema de peritos admite a possibilidade de falha desse sistema, e por isso compartilha a responsabilidade do consumo e/ou da utilização que faz dos produtos e dos recursos em questão. Já o sujeito que tem fé no sistema de peritos toma como infalível a eficiência do sistema e se orienta por ele, outorgando-lhe um amplo poder de autoridade sobre sua vida e eximindo-se da sua capacidade de avaliação e da responsabilidade em utilizá-los.

A respeito da aceitação dos sujeitos aos produtos oferecidos pela indústria cultural, Paes (2007) aponta que o consumidor não precisa se dar ao trabalho de pensar, "é só escolher o que já foi eleito por especialistas". Nesse sentido, ao adquirir um equipamento de reprodução sonora cujo funcionamento foi desenvolvido e aprovado por terceiros, os sujeitos que têm fé no sistema de peritos estão potencialmente mais expostos aos produtos culturais, e às músicas que os acompanham, do que os sujeitos que têm confiança no sistema e fazem uso da sua razão crítica:

> Hoje, a arte degenerada industrial – ao mesmo tempo em que o usufruto de suas produções se encontra cada vez mais à disposição dos clientes – leva ao extremo a contradição entre os produtores e os consumidores de cultura: estes últimos não têm necessidade de elaborar a mais simples cogitação, a equipe de produção pensa o tempo todo por eles. [...] a obra aligeirada industrial extirpa da sua forma estética os elementos críticos presentes na cultura, explicita a todo momento seu caráter afirmativo e glorifica o perenemente e sempre dado. (Pucci, 2003, p.21)

Tendo em vista tais argumentos, entendemos que, em virtude da fé no sistema de peritos, os equipamentos eletroeletrônicos estão, para certos sujeitos, simbolicamente carregados da aprovação social. Consequentemente, o mesmo caráter de "má cidadania" (Adorno, 1986) na resistência aos produtos da indústria cultural se acentua em face da tecnologia, na medida em que resistir ao loteamento do espaço sonoro implica também se opor ao uso da tecnologia.

Um desdobramento do uso da tecnologia no loteamento do espaço sonoro é a forma como isso repercute na mente dos sujeitos. A arte e seus processos artísticos – sejam eles de produção ou de recepção – necessitam de um espaço psíquico vazio para tornarem--se, de fato, arte, mas "estamos a cada dia mais solicitados e não nos sobra o espaço de conviver, trocar, apreciar, analisar, duvidar. [...] Perdemos a chance do silêncio, do espaço interior, do cantochão d'alma" (Távola, 1996, p.125).

Na sociedade contemporânea, o espaço mental para a recepção da arte encontra-se sobremodo assediado pela superabundância de ofertas aos sentidos, excitados e estimulados ao consumo, marcadamente com a ideia da interatividade e da multimídia. A tecnologia é a primeira responsável por viabilizar um apelo constante aos sentidos. Ela nos oferece – e até mesmo nos impõe – um mundo habitado de sons, imagens e sensações diversas:

Observando anos a fio o eclodir de técnicas de convencimento e persuasão; o desenvolvimento dos idiomas visuais e auditivos contemporâneos; o som subordinado à síndrome do agudo e instrumentos eletronificados, denuncio a exacerbação de falas na vida contemporânea e a distância do silêncio, *que pertence ao espírito*, como dizem os suffis, e onde *pode-se encontrar Deus*, como querem os cristãos. (Távola, 1996, p.123-4)

Tal profusão de assédio aos sentidos tem importante função no mercado competitivo. Os produtos culturais com mais possibilidades de venda são aqueles que mais solicitam os sentidos, ou melhor, que mais os atingem. A primeira consequência disso é a reconfiguração da forma pela qual o homem faz e recebe os produtos culturais e os bens simbólicos, utilizando uma técnica que se distancia da forma humana de fazer e receber esses objetos:[5]

> [...] essa técnica emancipada se confronta com a sociedade moderna sob forma de uma segunda natureza, não menos elementar que a da sociedade primitiva, como provam as guerras e as crises econômicas. Diante dessa segunda natureza, que o homem inventou mas há muito não controla, somos obrigados a aprender, como outrora diante da primeira. Mais uma vez a arte põe-se a serviço desse aprendizado. Isso se aplica, em primeira instância, ao cinema. O filme serve para exercitar o homem nas novas percepções e reações exigidas por um aparelho técnico cujo papel cresce cada vez mais em sua vida cotidiana. (Benjamin, 1986, p.174)

A segunda consequência dessa reconfiguração é o fortalecimento das *majors*. Para ser mais bem divulgado, um produto musical não se representa apenas pelo CD, mas pelo seu trabalho em DVD, videoclipes, site com material audiovisual e, possivelmente, associação a

---

5 Usaremos produtos culturais nos remetendo ao conceito frankfurtiano de produtos da indústria cultural e bens simbólicos para qualquer forma de representação estética, podendo incluir os produtos culturais.

alguma marca de produtos não musicais (roupas, calçados, cosméticos e afins). Uma vez que a feitura desse material – obedecendo aos critérios da indústria cultural e visando a competição mercadológica – representa um alto investimento, muitos artistas e gravadoras nacionais buscam recursos externos:

> Como as empresas latino-americanas não podem investir os US$ 100 mil que custa a produção de um disco, ao que se somam os recursos complementares de produção – programas de televisão, videoclipes, sites na internet –, possivelmente se associará a um *major* e, se o produto vender, o artista acabará vivendo em Miami. De acordo com a complementação multimídia que ocorre entre música, cinema e televisão, muitos protagonistas transnacionais desses circuitos aspiram a morar nessa cidade. (Garcia Canclini, 2007, p.148)

Pela leitura de Benjamin (1986), concluímos que a tecnologia, nas possibilidades audiovisuais e interativas dos produtos culturais contemporâneos, não corresponde apenas a mero implemento tecnológico nas manifestações estéticas, conforme, por exemplo, as iniciadas pelos *happenings* e instalações de artes visuais. Tampouco, a tecnologia visa reproduzir as obras de arte, mas, solapando os sentidos e objetivando a recepção humana, tem servido mais para reproduzir-se a si mesma, esvaziada do sentido artístico.

Entendemos que, na reprodução das obras de arte, a tecnologia pode ser útil, não a fim de popularizar o acesso a elas, mas a fim de permitir que sejam rememoradas. Se não podemos ouvir uma suíte de Bach, executada ao vivo com uma orquestra de câmara, com a mesma frequência em que a ouviríamos reproduzida em CD, se não podemos ver cotidianamente o original da *Mona Lisa*, é coerente que suas reproduções habitem os espaços diários e banais. Nesse sentido, a reprodução da obra de arte serve para manter intocada a aura benjaminiana, na medida em que, preservados os originais em museus e espaços de patrimônio artístico – estes, sim, dignos de abrigar a aura –, apenas suas representações ficam à disposição dos espaços triviais. Nesse caso, a reprodução cumpre, sem o caráter da substituição, o papel da alusão – e não de ilusão. Mas a utilização da tecnologia na reconfiguração da produção e da recepção dos bens culturais e simbólicos, no campo da música e dos sons, se atrela a um aspecto de importância capital para o fenômeno do loteamento do espaço sonoro. Diferentemente do espaço visual e pela imanência da espacialização do objeto, não podemos desviar os ouvidos da mesma forma como desviamos o olhar. Então, em relação ao receptor, o som ocupa o espaço de um modo potencialmente muito mais poderoso do que o faz a imagem, e a tecnologia é que viabiliza explorar tais possibilidades de apelo aos sentidos. Retirar a tecnologia desse contexto abala o loteamento do espaço sonoro, e retirar o loteamento abala o funcionamento da indústria cultural, na qual o identificamos como um sustentáculo.

O loteamento do espaço sonoro no espaço escolar

Entendemos que as questões que envolvem o loteamento do espaço sonoro são de significativa importância para o campo da Educação, no que tange aos processos educativos realizados dentro das diversas práticas sociais. Considerando os comprometimentos do loteamento do espaço sonoro na formação dos sujeitos, quisemos especificamente avaliar se, e em que medida, o espaço escolar é atingido pelo loteamento do espaço sonoro. Para tanto, nos aplicamos a pesquisar o fenômeno do loteamento do espaço sonoro em duas escolas de ensino fundamental, sendo uma da rede municipal de ensino e em uma da rede particular, ambas em Monte Azul Paulista, cidade do interior de São Paulo. Essas escolas foram escolhidas por representarem significativamente parte do universo escolar da cidade de 20 mil habitantes, de economia predominantemente rural.[6] Não

---

6 Fundada em 1896, no centro-oeste no estado de São Paulo, tem 20 mil habitantes e uma economia agrária (laranja, cana-de-açúcar e escritórios de

realizamos comparação entre as escolas, antes, reunimos os dados obtidos nesses dois espaços escolares.

A rede particular é composta por duas escolas e a escolhida por nós é a única que possui todas as séries da educação básica, iniciando no ensino infantil. Além desse fator, esta escola possui também um projeto de Educação Musical, oferecido a todas as séries, e uma rádio interna. Na rede pública, escolhemos a escola municipal que possui os dois primeiros ciclos da educação básica. Esta escola também possui uma rádio interna e aulas de Educação Musical.

Por trabalharmos na rede municipal de ensino da cidade desde o ano 2000 e por conhecermos as outras escolas das redes municipal, estadual e particular da mesma cidade, algumas reflexões agregaram elementos para nossa análise sobre alguns outros espaços escolares da mesma localidade. Igualmente, ocasiões de trabalho às quais estivemos presentes com a função de observar/assistir somam dados à pesquisa.

Considerando a complexidade da pesquisa, fizemos a observação em duas fases: preliminarmente, fizemos uma observação livre, a fim de perceber quais eram os elementos de relevância para a investigação. A partir desta observação elaboramos um formulário para os procedimentos de coleta, porque, tendo criado a categoria de análise, foi necessário, também, instituir critérios específicos para tais procedimentos. Desse modo, realizamos diferentes procedimentos de pesquisa. Registramos o repertório escutado de cada evento

---

agronegócio). Tem apenas duas indústrias (de bombas submersas) e pequenas empresas de móveis manufaturados.

A rede municipal local é formada por quatro escolas, sendo que uma delas possui da 1ª à 4ª série, uma de 1ª à 8ª série, uma escola de ensino infantil e por seis creches. Além destas, o distrito que pertence ao município possui uma escola de 1ª a 8ª série e uma creche.

Na rede estadual, a cidade conta com duas escolas com todas as séries do ensino fundamental, médio e Educação de Jovens e Adultos (EJA).

Na rede particular, há duas escolas com as salas iniciando na educação infantil, sendo que o ensino médio é oferecido apenas em uma delas. No início de 2010, uma terceira escola particular, de 1ª a 8ª série, e dois cursos a distância (Pedagogia e Administração) foram abertos no município.

sonoro-musical[7] contextualizando a sua ocorrência, fizemos entrevistas com alunos, professores e funcionários e teste de percepção musical com 57 professores. Também os materiais (acervo de CDs, DVDs e arquivos de natureza sonoro-musical) das escolas foram observados e inventariados pelo levantamento do acervo sonoro-musical. Por este procedimento buscamos identificar quais tipos/estilos de músicas chegavam à escola, por que tipo de mídia, em que medida eles eram utilizados na escola e se eram músicas peculiares ao loteamento do espaço sonoro.

Todas as coletas foram registradas por anotações de campo de natureza descritiva e reflexiva, entendendo-se que estes dois tipos de descrição são indissociáveis na abordagem antropológica. A apreciação dos dados foi procedida de modo a identificar pontos característicos do fenômeno do loteamento do espaço sonoro e, a partir deles, identificar e registrar suas especificidades dentro do espaço escolar, utilizando então o loteamento do espaço sonoro enquanto categoria de análise.

No primeiro momento da análise, organizamos a etnografia segundo a cronologia da coleta, os campos e os procedimentos de pesquisa.[8] Na segunda etapa analisamos todos os registros, destacando

---

7 Por evento sonoro-musical chamamos toda música ou todo efeito sonoro (trecho de músicas executadas, toque de celular, sirene, carro de som que passasse na rua) que ouvíssemos dentro do espaço escolar. A observação contextualizada do repertório escutado nesses eventos registrou: as músicas ou sons que ouvimos, a origem/contexto de sua execução (se no intervalo, nas aulas ou em outro momento) por iniciativa e responsabilidade de quem os eventos foram reproduzidos, e qual o papel desse sujeito (ou desses sujeitos) dentro da escola. Por este procedimento buscamos aferir se, e até que ponto, as músicas escutadas no espaço escolar se enquadram na categoria de loteamento do espaço sonoro.

8 Coletas realizadas na escola 1, de 20 de maio a 20 de setembro de 2008. Caracterização da escola.
1. Primeiro período de observação livre/Entrada na escola: de 20 a 27 de maio de 2008.
2. Repertório escutado. 3 de junho, período da manhã; 19 de junho, períodos da manhã e da tarde; 20 de junho, período da tarde; 1º de julho, períodos da manhã e da tarde; 5 de julho, período da noite; e 19 de agosto, períodos da manhã e da tarde.
1. Seis entrevistas com professores: 2 de junho, 1º e 2 de julho, 26 de agosto (duas entrevistas) e 3 de setembro.

neles os trechos que melhor indicavam a presença de um, ou de mais de um, dos elementos característicos do loteamento do espaço sonoro (uso da tecnologia para atingir o ouvinte, audição involuntária, inviabilização do silêncio e execução de músicas padronizadas e de fácil acesso nos meios de comunicação de massa), indicando de qual, ou quais, desses elementos se tratava.

Assim, pudemos sistematizar tanto os dados referentes aos elementos fundamentais – ou primários – do loteamento do espaço sonoro quanto os elementos secundários, ou seja, as especificidades do fenômeno dentro dos espaços escolares estudados. Além destas duas classes de elementos, outros foram encontrados, indicando aspectos que interpretamos como pouco generalizáveis, mas de considerável valor etnográfico. Eles também foram elencados e utilizados para compreender o fenômeno do loteamento do espaço sonoro nos espaços pesquisados.

Os dados obtidos indicaram que, efetivamente, o loteamento do espaço sonoro ocorre no espaço escolar de modo semelhante

---

2. Levantamento do acervo sonoro-musical: 19 e 20 de setembro, períodos da manhã e da tarde.
3. Encerramento da coleta: 20 de setembro de 2008.
   Coletas realizadas na escola 2, de 30 de novembro a 17 de dezembro de 2009.
   Caracterização da escola.
1. Entrada na escola/Repertório escutado. 30 de novembro de 2009, períodos da manhã e da tarde; 1º de dezembro, períodos da manhã e da tarde; 9 de dezembro, período da noite.
2. Quatro entrevistas com alunos: 1º e 3 de dezembro, 10 de dezembro (duas entrevistas).
3. Duas entrevistas com funcionários: 17 de dezembro (duas entrevistas).
4. Encerramento da coleta: 17 de dezembro de 2009.
   Coletas realizadas em outros espaços escolares que não os das escolas 1 e 2, de 4 a 10 de dezembro de 2009.
1. Repertório escutado. 4 de dezembro de 2009, período da tarde na escola municipal de ensino infantil; 8 de dezembro de 2009, período da noite em cerimônia de conclusão de curso; 10 de dezembro de 2009, período da manhã em escola municipal de ensino fundamental.
   Coleta realizada junto a educadores em 7 de dezembro de 2009.
1. Teste de percepção de timbres, em 7 de dezembro de 2009, período da manhã (primeiro grupo) e período da tarde (segundo grupo).

aos espaços não escolares, com destaque para o uso da tecnologia como elemento absolutamente constante em todos os episódios de loteamento do espaço sonoro, conforme já havíamos estabelecido ao conceituar teoricamente o fenômeno. Além disso, pudemos constatar e compreender alguns desdobramentos desse uso.

Neste ponto passamos então a apresentar a interpretação dos dados coletados, em tópicos correspondentes a cada um dos elementos constituintes do loteamento do espaço sonoro, e de seus desdobramentos. Cada um desses tópicos contém os trechos das coletas que melhor indicam a presença daqueles elementos, e das peculiaridades que o loteamento do espaço sonoro assume no espaço escolar. Observamos que o mesmo procedimento de pesquisa pôde ser utilizado para indicar mais de um componente do loteamento do espaço sonoro. Os trechos das coletas estão com formatação de texto corrido, barra na margem esquerda e separados da interpretação por um espaço. As anotações de natureza reflexiva estão em itálico.

Presença invariável da tecnologia: educação de massa, música de massa e veículo de comunicação de massa numa arquitetura favorável à massificação

Já havíamos estabelecido a tecnologia para atingir o ouvinte como uma das características do loteamento do espaço sonoro, de modo que, no Capítulo 4 dissemos que "a tecnologia é a grande aliada no processo de loteamento do espaço sonoro". Na fase inicial do estudo, a tecnologia já era entendida por nós como elemento primário, constituinte do loteamento do espaço sonoro, sendo ela o recurso que tornava possível ampliar o som para atingir/assediar os ouvintes involuntários e também para realizar uma mediação simbólica de validação quanto aos produtos musicais por ela veiculados.

Nesse sentido, iniciaremos trazendo os dados relacionados às rádios internas que cada uma das duas escolas pesquisadas possui.

a) Localização do equipamento:

A escola possui uma rádio interna, cujo equipamento central fica na sala da coordenação pedagógica, com caixas de som nos corredores e em todas as salas de aula. (Escola 1. Primeiro período de observação livre/Entrada na escola: de 20 a 27 de maio de 2008.)
A escola possui uma rádio interna, cujo equipamento central fica numa pequena sala, exclusiva, sem janela, com caixas de som em todas as salas de aula e na sala dos professores. (Escola 2. Caracterização da escola, 30 de novembro de 2009.)

b) Execução automática, programada por computador, de músicas, do sinal de início e final de aulas com vinhetas e fragmentos musicais:

A seleção está programada no computador e se repete pela terceira vez. (Escola 1. Repertório escutado. 1º de julho de 2008.)
O equipamento utilizado é o da rádio interna, de propriedade da escola. O responsável técnico/papel no espaço escolar é a diretora. As vinhetas de som foram elaboradas pelo professor de Música e a razão da execução é sinalizar a entrada. São executadas automaticamente, programadas por computador. A vinheta da *Aquarela* e o horário se repetem a cada troca de aulas. (Escola 2. Entrada na escola/Repertório escutado. 30 de novembro de 2009.)

c) Amplitude/quantidade de espaços atingidos pelo loteamento sonoro que as rádios realizam:

No corredor e nas salas de aula, entre uma aula e outra, uma voz masculina anuncia o horário e, um minuto após esse anúncio, é tocada uma música que não consigo identificar. É um solo de guitarra, dura dez segundos e parece ser trecho de rock americano. No início e no final do intervalo (recreio) e na saída e na entrada de cada período, dura um minuto. Durava sempre um minuto (entre as aulas), mas os professores reclamaram de que os alunos ficavam muito agitados. (Escola 1. Repertório escutado. 3 de junho de 2008.)

A proprietária, que é também diretora e professora de Filosofia, entra na sala da rádio e abaixa o sinal, antes de entrar para dar a aula de Filosofia. Diz que o volume é sempre aumentado, muito acima do volume adequado, mas não se sabe por quem. Outro dia ela me disse que era aumentado pelo inspetor. (Escola 1. Repertório escutado. 19 de junho de 2008.)

Às 14h39 uma aluna entra na sala da rádio, querendo saber como abaixar o volume, mas não consegue fazê-lo. Às 14h39 a psicóloga, que presta serviços para a escola e que tem atendimentos nesse dia, entra na sala da rádio e quer saber como abaixar o volume da rádio. Ela desliga o som da sala em que estará. Alguns minutos depois volta para usar um armário e diz que o som da rádio a assusta sempre. (Escola 1. Repertório escutado. 20 de junho de 2008.)

Continuo observando que o volume da rádio parece mesmo ser um problema comum. É a própria lei de Murphy: as pessoas que querem aumentar o volume sabem qual é o botão, e as que querem abaixar, não. (Escola 1. Repertório escutado. 20 de junho de 2008.)

A partir de 2006 todas as salas de aula e a sala dos professores receberam caixas de som. O controle de volume dessas caixas é individual e fica na sala onde estão os equipamentos da rádio. (Escola 2. Do histórico musical. 30 de novembro de 2009.)

Na entrada (7 horas) ouço o sinal (sirene), e o sinal musical (vinheta com o horário e com trecho da música *Aquarela*). A diretora utiliza a rádio interna para avisos, com os alunos no pátio, em fileiras em frente às suas salas. [...] O volume da sirene, para quem está no pátio, é muito alto, chega a ser agressivo. Assusta inicialmente, mas depois o sinal musical e a voz da diretora se diluem em meio aos outros sons. Após o anúncio do horário seguem duas notas (parece-me um intervalo de quinta justa descendente), com som de campainha eletrônica. O final da última nota é distorcido, abaixando a tonalidade dela. (Escola 2. Repertório escutado. 30 de novembro de 2009.)

As rádios escolares indicam outros dados que traremos mais adiante, por se referirem aos demais elementos – primários e secundários – do loteamento do espaço sonoro. Por ora continuaremos com os dados mais diretamente relacionados ao uso da tecnologia, do qual, em campo, passamos a uma visão ampliada. Observamos que o uso da tecnologia no cotidiano escolar, para atividades relacionadas à música, gerou um dos elementos secundários do loteamento do espaço sonoro, no universo escolar cingido por esta pesquisa. Constatamos que o emprego da tecnologia, ou a operação de produtos a ela relacionados, é tomado por arte, é anunciado como arte e ocupa na escola os lugares conceitualmente – segundo nossos fundamentos teóricos – destinados à arte.

a) Na escola 1 a aula de Música e Tecnologia prioriza o aprendizado no software de edição de música. Alguns dos entrevistados utilizam a expressão "fazer música" para as produções realizadas por meio desse software. A isso se soma que tal atividade passou a ser oferecida em substituição à aula de teclado, por necessitar menos tempo de dedicação dos alunos. A proposta da aula é ensinar os alunos a utilizarem os recursos tecnológicos do computador para arquivar, alterar e compilar músicas em formatos digitais.

Dia letivo comum. Na aula de Música e Tecnologia há vários eventos musicais. A aula é oferecida como atividade optativa de Educação Musical, em período contrário ao das aulas, e tem quatro alunos inscritos [...]. O conteúdo da atividade é aprender como se faz edição de músicas com o programa Sound Forge. [...] Os alunos não têm o programa de edição das músicas (Sound Forge) e o professor me informa que eles receberão o resultado do trabalho em CD ou pen-drive. O professor, juntamente com dois alunos [de outras séries] mais adiantados nessa atividade, está montando um arquivo de áudio com 21 músicas da década de 1970 para uma feira de Ciências da escola. A montagem consiste em organizar o repertório e na introdução de cada música gravar um aluno ou o professor anunciando o nome, o autor, o intérprete e outros dados relacionados.

Na aula ouvimos a parte inicial das cinco músicas e a vinheta de abertura da feira, com contagem regressiva. Nesta, a música é tecno, com sons sintetizados e ritmo dançante, e um aluno contando de dez a zero.

A primeira música é *Você abusou*, anunciada como interpretação de Maria Bethânia e Toquinho, depois, *As rosas não falam*, *Cio da terra* e *Bandolins*.

[...] Observo que, na música anunciada como interpretação de Maria Bethânia, o timbre não me parece o dela e não consigo identificar a cantora. Igualmente, pela audição (e conhecimento da gravação da canção), *Cio da terra* é anunciado como interpretação Paulinho da Viola e Renato Teixeira, mas me parece ser de Renato Teixeira e Pena Branca.

[...] O meio sonoro/equipamento utilizado era TV, de propriedade da escola (usada como monitor conectado ao notebook) e notebook com os programas Sound Forge e Windows Media Player, assim como os arquivos de músicas, todos de propriedade do professor [...].

Espanta-me que a música nessa aula tenha um espaço menor que a tecnologia. Pouco se fala dos autores, intérpretes e músicos envolvidos, apenas esses dados são colocados na montagem. Não sei se em outro momento (além da feira prevista) a escuta do CD pelos alunos estará garantida, já que em aula ouviu-se apenas a introdução. [...]

[...] Do histórico musical. (Transcrição nossa, resumida do depoimento oral do professor de Educação Musical, realizado cerca de uma hora após a aula observada. Frases na íntegra estão entre aspas.)

[...] No período da manhã, antes da aula de Música e Tecnologia, e na mesma sala, há a aula de flauta, feita pelos mesmos alunos. Seria o apelo à tecnologia uma forma de trazê-los para a escola? Mas na feira de ciências o CD que será executado, e que parece ser o carro-chefe das atividades da Educação Musical, não tem nada de flauta gravado, nem tocado pelos alunos, nem por músicos profissionais. Na sala vejo equipamentos eletrônicos e não vi nenhum instrumento musical. [...]

O professor conversa comigo. Observo que usa a expressão "fazer música" para se referir ao uso do programa de edição e isso, inicialmente, me confunde, porque entendo fazer música enquanto compor. Ele diz que "os alunos fizeram a música", "fazem músicas". O professor falava tão entusiasmado que os alunos "fazem música" e eu os imaginei compondo letra e melodia de canções.

Aos poucos compreendo que isso se refere a usar trechos de gravações, em arquivos digitais, e fazer deles uma montagem, usando o programa de edição musical. Isso me deixa muito frustrada e procuro disfarçar minha decepção, procuro mostrar imparcialidade enquanto conversamos, mas sinto um lamento. [...]" (Escola 1. Repertório escutado. 3 de junho de 2008.)

Ainda sobre essas aulas, em entrevista o professor diz que

[...] as aulas de Música e Tecnologia vieram para substituir as aulas de teclado, porque os alunos precisariam de menos tempo para ter resultados e que estas aulas tiveram muito sucesso. (Escola 1. Entrevista com professor. Professor 5. 26 de agosto de 2008.)

Neste sentido, um dos entrevistados (professor de violão) manifesta o mesmo estranhamento que eu:

Eu não gosto muito do sinal, porque ele começou de um jeito, com *Aquarela*, aí foi se dando opções de fazer as músicas em casa, no computador. Eles pegam montagem das coisas que são gravadas. Você quer ensinar o aluno a aprender e apreciar uma melodia mais elaborada. Mas como, se o próprio sinal da escola toca uma coisa diferente? Atualmente é um trecho de rock. Comento que os alunos passam horas no computador fazendo a edição, mas não estudando um instrumento. Ele concorda. (Escola 1. Entrevista com professores. Professor 6. 3 de setembro de 2008.)

Naturalmente, não pensamos que todos os sujeitos envolvidos nesse processo (professores, educadores em geral e alunos) prefiram a execução dessa música eletrônica ou de seus equivalentes. Consideramos, porém, que as condições estruturais dos espaços escolares associadas aos modelos daquilo que a pior vertente da indústria cultural veicula como arte acabe por permitir que se realize na educação de massa o entretenimento para as massas, em lugar de qualquer outra produção transcendente e mais carregada de expressão humana, a que, então, chamaríamos de arte.

Não nos deteremos aqui nos motivos que levaram à disciplina da Educação Musical a utilizar a tecnologia em lugar de instrumentos acústicos, mas não podemos deixar de considerar que tal fato potencializa o uso da tecnologia no loteamento do espaço sonoro dentro do espaço escolar, contribuindo para uma distorção do conceito de processo artístico. Tampouco seríamos categóricos em dizer que tal distorção é absoluta e equivalente para todos os sujeitos, e para isso nos apoiamos na entrevista:

Diz que fora da escola faz curso de Computação no qual aprendeu a baixar música, ouvir música e montar música. Está aprendendo a montar, "pegar a música e colocar outro toque" e transferir arquivos.

Anamaria: "Você já observou alguma diferença em se fazer música por equipamento ou com instrumentos?"
Aluna 1: "Por computador eu acho que é mais fácil, por instrumento mais difícil. [Faz uma pausa e inclina-se na minha direção. Retoma a fala em tom mais baixo e mais lento.] Professora, vou contar uma coisa que nunca contei pra ninguém. Quando minha prima vai lá em casa a gente compõe músicas juntas." [...] Conversamos um pouco sobre o processo de composição delas, ela diz que descartam muita coisa, e que fazem letra e melodia junto. Que só compõem escondido e que ninguém sabe disso. Diz que seria muito bom tocar violão e que ajudaria na composição das músicas.
Anamaria: "Como você acha que seria tocar o violão?"
Aluna 1: "Se soubesse tocar violão eu ia me sentir mais... [ela faz uma pausa, parece que procurando a palavra, e eu fico com vontade de sugerir 'plena', mas resisto e aguardo ela continuar] mais ligada com música, sabe, e também ia sentir mais a música que estou

tocando, as notas. Às vezes tenho vontade de me gravar no celular pra me ver tocando. No site eu escrevo a música e procuro a nota de violão. E isso vem pronto, mas eu acho mais legal a pessoa inventar do que vir pronto. Se eu lançar eu prefiro fazer no meu quarto [conversamos sobre tentativas e erros no processo de composição dela]. Sinto mais à vontade. Se for para escolher do computador ou a do meu quarto eu prefiro a do meu quarto." (Escola 2. Entrevista com alunos. Aluna 1. 1º de dezembro de 2009.)

Ao realizar o procedimento da escuta de repertório em apresentações na escola 2 e em uma escola municipal de ensino infantil, observamos que os profissionais responsáveis pela Educação Musical estiveram – praticamente todo o tempo do evento – ocupados em operar os equipamentos de som e imagem. Isto se deu tanto nas apresentações musicais, diretamente sob a responsabilidade deles, como nas demais apresentações, ou seja, os professores de Educação Musical exerceram mais a função de técnicos de som do que de professores de Música:

O responsável técnico pela execução das músicas era o professor de Música e o repertório foi escolhido por cada professor para a apresentação de sua sala, havendo salas em que há dois professores. (Outros espaços escolares. Escola municipal de ensino infantil. Repertório escutado. 4 de dezembro de 2009.)

O professor de Música utilizou em um dos momentos do evento uma flauta doce. Nos demais momentos esteve operando notebook e equipamentos de som, estes, juntamente com os contratados para sonorizar o ambiente. (Escola 2. Repertório escutado. 9 de dezembro de 2009, período da noite.)

Não observamos nenhum comportamento, tanto nesses professores como nos organizadores dos eventos, que indicasse estranhamento em relação ao exercício dessa função de técnico de som por professores de Educação Musical, tampouco nenhuma menção de que eles estivessem fazendo algo fora de suas atribuições principais. Ao contrário, percebemos que esses professores assumiram a função de técnicos de som com muita naturalidade, e que passaram a maior parte do tempo dos eventos nessa função. Teríamos chegado a tal estágio de distorção da função da arte musical nas escolas, a ponto de a comunidade escolar ter introjetado que operar produtos relacionados à tecnologia é atribuição do educador musical? Que o fazer musical perpassa, compulsória e até exclusivamente, pelo uso da tecnologia?

Nesse sentido encontramos o uso de expressões que originalmente indicavam um processo musical artístico indicando o emprego da tecnologia para desenvolver um processo paralelo, e não como um recurso adicional, mas suprindo uma lacuna de conhecimentos e habilidades técnicos musicais. Assim, na escola 2 (coleta de 30 de novembro, repertório escutado), o emprego de um acompanhamento pré-programado, disponível no menu do teclado eletrônico, foi chamado de "arranjo" por uma professora:

[...] Aí fomos entender por que tinha que fazer alguns ajustes pequenos na letra, para dar certo na música. O professor de Música ajudou e fez o arranjo e a gravação com eles. (Escola 2. Repertório escutado. 30 de novembro de 2009, período da manhã.)

Na mesma escola a apresentação de três alunos e do professor do projeto de flauta ocorreu com a harmonia da *Nona sinfonia* em *midi* e em volume que quase suplantava o som das flautas que faziam a melodia:

O som do acompanhamento, com bateria bem marcada, soa um pouco mais alto do que as flautas. (Escola 2. Repertório escutado. 9 de dezembro de 2009, período da noite.)

Na mostra de final de ano de uma escola municipal de ensino infantil, todas as apresentações de alunos cantando se deram junto com a execução de um CD. Este uso da tecnologia se torna representativo dos pontos supraindicados justamente pelo contexto em que está inserido, que é o de se tratar apresentações da disciplina de Educação Musical:

> Na abertura da apresentação de final de ano, todas as salas juntas apresentam quatro músicas, sob a orientação do professor de Música. As crianças cantam com as gravações dessas músicas, feitas em uma voz feminina e piano. Nessas apresentações a ênfase da participação das crianças era na sincronia de gestos (colocar a mão em determinadas partes do corpo, bater palmas acima e ao lado do corpo) e nos sons vocais ("hei", "tsss", "ual"). O som da gravação prevalecia sempre, exceto nos sons vocais supracitados. (Escola municipal de ensino infantil. Repertório escutado. 4 de dezembro de 2009.)

b) Para pessoas com a formação musical semelhante à nossa e com alguma afinidade com o referencial teórico deste trabalho, perguntaríamos: que objetos supõem que os professores de Música utilizam, carregam e manuseiam? Instrumentos musicais, diriam. No entanto, em coleta realizada numa escola de 1ª a 4ª séries um fato nos saltou aos olhos. Percebemos que nesta coleta, e em todas as outras que já havíamos realizado, os professores de Música não apenas se ocupavam de operar os equipamentos tecnológicos, mas transportavam e manuseavam exclusivamente[9] notebooks, *data--show*, mesas de som, DVDs e caixas amplificadas, estando na dependência desses equipamentos para suas atividades musicais, fato este que se manteve nas coletas posteriores.

Até o momento, em todas as coletas anteriores já havia constatado a presença do equipamento tecnológico como uma constante nas

---

9 Exceção feita à coleta na Escola 2 (Repertório escutado. 9 de dezembro de 2009), na qual em uma das apresentações o professor de música utilizou a flauta doce junto com o acompanhamento eletrônico, o que citamos apenas para rigor do registro, já que, sendo a única vez que utilizou um instrumento musical, permanece o caráter de dependência da tecnologia para as práticas musicais escolares aqui indicadas.

apresentações e atividades musicais. Todavia, especificamente nesta coleta, tal fato se tornou mais significativo. Acredito que por se tratar de uma mulher (a professora de Educação Musical) transportando um equipamento pesado (para carregá-lo é necessária a força de dois adultos) sobre um carrinho de duas rodas e pela atividade se dar com crianças de 1ª a 4ª séries, com vozes delicadas dessa faixa etária. Nesse contexto, o equipamento e a tecnologia se revelaram não como uma presença invariável nas apresentações musicais escolares, mas como uma dependência absoluta, um fardo que literalmente se deve carregar.
(Outros espaços escolares. Escola municipal de ensino fundamental. Repertório escutado. 10 de dezembro de 2009.)

Ao analisar esse dado, identificamos uma peculiaridade dos espaços escolares estudados. Esse dado pode ser de grande utilidade para compreendermos as proporções que a tecnologia tomou no loteamento do espaço sonoro nas escolas. Constatamos que nesses espaços há uma forte relação entre tecnologia e arquitetura, de grandes comprometimentos para os processos formativos no campo da educação e da arte.

Em todas as escolas que serviram de campo para coleta e também nos outros espaços escolares que conhecemos na cidade da pesquisa, observamos que não existe nenhum local acusticamente apropriado para apresentações de música ou teatro. Tanto na rede pública como na rede particular, as apresentações musicais são realizadas regularmente nos pátios ou nas quadras (fechadas, cobertas e abertas), o que motiva o uso da tecnologia para amplificação sonora. Porém os equipamentos empregados nessas circunstâncias quase sempre são inadequados: causam eco e distorções na música.

Na música cantada pela Elba Ramalho (Bê-á-bá) quase não consegui ouvir o timbre dela. A música toda pareceu distorcida. O mesmo aconteceu com as demais músicas que têm mais melodia do que baixo e bateria. Parece que nada no local (quadra fechada) favorece acusticamente a audição dessas músicas. Já os elementos das músicas tecno-pop foram mais audíveis. Estas usaram pouca voz (pequenos trechos cantados, mais próximos da fala e com efeitos distorcendo a voz). Ou a distorção nelas é menor, ou não causa o mesmo efeito que nas músicas estruturadas a partir da canção e da melodia. (Escola 2. Repertório escutado. 9 de dezembro de 2009.)

Na escola inicialmente citada verificamos:
Final de ano letivo. Observo e registro uma apresentação de final de ano dos alunos de Educação Musical de 1ª a 4ª séries em uma escola municipal. Esta escola fica no centro da cidade. Em 2001 era finalizada a reforma e expansão do seu prédio, que incluiu no rol das novas instalações uma piscina olímpica, um ginásio de esportes e banheiros com detalhes de acabamento em mármore.

As novas salas de aula estão localizadas em blocos, distribuídos em diferentes níveis no térreo, em virtude da inclinação do terreno. No nível mais alto, e mais antigo, referente à frente da escola e à construção que já existia, há um bloco com primeiro e segundo andares, este com acesso por dois lances de escada. No térreo, do portão dos fundos, por onde entram os alunos, até a frente da escola, o acesso se dá por níveis diferentes, em conjuntos de quatro degraus, com aproximadamente 3 metros de largura, separados por uma área plana de aproximadamente 16 metros quadrados. Entre o portão de entrada de alunos e o primeiro conjunto de degraus há uma grande área plana, capaz de acomodar em pé todos os alunos de um período, o que corresponde a aproximadamente quatrocentas pessoas.

A maior parte das apresentações e comemorações, dos avisos e agrupamentos se dá no ginásio de esportes ou na área plana localizada entre o portão de entrada e o primeiro conjunto de degraus, ficando nestes as pessoas (alunos e professores) que se apresentam, dão avisos ou que dirigem as comemorações, de modo que estas pessoas ficam acima do público. Quando chego, por um acesso lateral e secundário, a professora de Educação Musical, responsável pela apresentação, está próxima ao primeiro conjunto de degraus ligando o equipamento: uma caixa de som amplificada, na qual se conecta um CD *player* e um microfone. Todos de propriedade da escola. A caixa de som é pesada e está em um carrinho com duas rodas. Ao final da apresentação ela se ocupa em recolher os equipamentos e empurrar o carrinho com a caixa para a sala de aula.

[...] Estes pontos me saltaram aos olhos porque conheço o trabalho desta professora, e seu empenho em tornar as atividades musicais e apresentações em momentos compartilhados pelos alunos. Contudo, observei o quanto o resultado desses esforços é diminuído por uma arquitetura acusticamente desfavorável e pela consequente necessidade de um equipamento de som, com o agravante de o equipamento disponível ser inadequado. (Outros espaços escolares. Escola municipal de ensino fundamental. Repertório escutado. 10 de dezembro de 2009.)

Mesmo quando se tratou de equipamento contratado de prestadores de serviço especializados, estes deixavam o som da voz no microfone baixo demais e o som das músicas, principalmente das eletrônicas, muito alto. Raramente foram utilizados os equipamentos adequados e do modo adequado.

Uma construção acusticamente adequada às práticas musicais, nos moldes de um anfiteatro, certamente favoreceria a escuta das vozes e dos instrumentos acústicos, eliminando, ou ao menos relativizando, a dependência da tecnologia para reprodução e amplificação. Do modo como as práticas musicais acontecem hoje, reunindo quatrocentos alunos numa quadra, colocando um CD de música com fotos num telão, ou um grupo dançando uma coreografia de música eletrônica, nos parece apenas que tudo favorece uma música de massa, para uma educação de massa, utilizando um veículo tecnológico de massa.

Da audição involuntária para a naturalização da audição compulsória

Na pesquisa de campo, constatamos a audição involuntária, elemento primário do loteamento do espaço sonoro. No tocante ao assédio involuntário sobre os ouvintes, este elemento é similar ao seu par, a inviabilização do silêncio, contudo dele difere no conjunto de sons que se impõe aos ouvintes. Escolhemos a expressão audição involuntária para designar a escuta involuntária dos repertórios musicais executados na forma de loteamento do espaço sonoro. Já a inviabilização do silêncio – conforme indicamos na "Introdução" – refere-se à escuta de sons eletrônicos e padronizados, bem como de fragmentos de músicas que acompanham determinados produtos e equipamentos eletrônicos, servindo de sinalizadores e efeitos auxiliares, sons estes que são executados automaticamente.

Feitas estas considerações, trouxemos os dados referentes à audição compulsória.

Na festa junina da escola 1, o ambiente da boate era o que tinha menos pessoas, em alguns momentos chegando a estar completamente vazio. No entanto, era dele o som que se ouvia logo na entrada, na barraca de venda de fichas (nesta, junto com o som de outro ambiente também), na cadeia do amor e adjacências. Na mesma ocasião de coleta, no ambiente da quadra, a conversa entre pessoas próximas, na mesma mesa, era inviável, sendo necessário gritar:

> Logo na entrada ouve-se som de música tecno, marcada em tempos binários. Há dois ambientes na festa. No ambiente maior onde está propriamente a festa (quadra aberta) há mesas, comidas e apresentação de uma dupla de cantores. Um deles é o tecladista e toca predominantemente música sertaneja e um pouco de forró. Tocam algumas músicas seguidas (no máximo três) e param para apresentações de alunos, bingos e falas dos organizadores. [...] Os equipamentos utilizados neste ambiente são teclado eletrônico, CD *player*, mesa de som, caixas amplificadas e microfones, todos pertencentes aos cantores contratados. O volume é muito alto. Mesmo

próximos, sentados às mesas para quatro pessoas, é preciso falar muito alto para sermos ouvidos. A música inicia e para sucessivas vezes para as apresentações dos alunos e, antes que estas comecem, há um curto tempo (cerca de um minuto) sem música, em que se pode conversar melhor. Um visitante, de 11 anos conversa comigo e quando a música reinicia diz: "Música muito alta". [...] O segundo ambiente é o da boate. É bem menor, centralizado no hall e é dele que se ouve a música no primeiro momento em que se entra na escola. Toca incessantemente música tecno. Quando entro nele está vazio e custo a perceber que o ambiente denominado de boate é ele. A diretora entra, entra um funcionário, conversam. Ela conversa comigo e diz que é o primeiro ano em que os jovens não estão concentrados neste ambiente. Não conseguimos explicar o motivo deste comportamento.

A cadeia do amor tem cerca de vinte pessoas presas e fica em frente ao ambiente da boate e aos alto-falantes desta. É também o som da boate que se ouve naquele espaço, assim como na entrada. (Escola 1. Repertório escutado. 5 de julho de 2008, período da noite.)

Também nessa escola, conforme descrição (coleta da Escola 1. Repertório escutado. 3 e 20 de junho, 1º de julho de 2008), o funcionamento da rádio realiza a audição compulsória. Constatamos que não existe um consenso sobre o repertório executado e sobre o volume dessas execuções, bem como do sinal musical. Observamos que professores, funcionários e alunos foram até o equipamento para abaixar e aumentar o volume, e que a diretora disse não saber quem o aumentava.

As ocasiões de coletas da escola 2 nos propiciaram uma reflexão ampliada sobre a audição compulsória, no sentido de compreender o comportamento dos sujeitos em relação a essa forma de assédio sonoro. Partamos da seguinte ocasião:

Ouço uma música, vinda do pátio, mas não consigo identificar a fonte sonora. Pergunto para a professora responsável pelo teatro de onde vem aquele som. Ela me diz não saber e indica que deve vir da creche ao lado. (Há uma creche, fazendo divisa com o pátio.) Chego a achar possível e me encaminho em direção à creche, mas depois vejo uma aluna com um celular na mão, segurando-o na altura dos ombros. Pergunto se a música vem do celular dela e ela responde que sim, e que também há outro celular tocando música. Percebo então que se trata de dois celulares tocando músicas diferentes. Uma vez tendo sido indicadas as fontes sonoras, consigo percebê-las, mas não consigo identificar a linha melódica de nenhuma das músicas. Os alunos parecem estar à vontade com os celulares. Indicam que as músicas são *Chicletinho* e *Calma, amor*. Identifico-me e pergunto o nome das músicas e se eles aceitam dar uma entrevista para a pesquisa. Eles aceitam. A aluna comenta que está "ficando famosa". Seguem outras músicas não identificadas, por aproximadamente vinte minutos. Eles me indicam uma terceira aluna que é proprietária de um dos celulares. No dia seguinte só uma das alunas (a proprietária de um dos celulares) traz o TECLE[10] assinado pelo responsável e marcamos a entrevista para o dia 3. (Escola 2. Repertório escutado. 30 de novembro de 2009.)

Na mostra de final de ano letivo, tendo esta sido encerrada, e já sem nenhuma presença de público, estando na quadra apenas os organizadores (direção e coordenação), alguns professores e os contratados para colocar o equipamento de som, a vice-diretora e eu conversamos gritando – sem que ela ou outra pessoa que também tivesse autoridade para isso pedisse que o som fosse abaixado ou desligado:

Ficam na quadra apenas os organizadores (direção e coordenação), alguns professores e os contratados para colocar o equipamento de som. A vice-diretora e eu conversamos gritando.

---

10 Termo de consentimento livre e esclarecido (TECLE), documento pelo qual o entrevistado e/ou responsável legal tomam conhecimento da finalidade da entrevista e autorizam sua realização.

O que faz com que as pessoas na escola se submetam a conversar gritando nesse momento? Não vi ninguém dançando ou aparentemente apreciando a música que estava sendo tocada. Todo o público já havia saído. Porque ninguém que estava na liderança do evento, e que estava na quadra nesse momento – a minha interlocutora, por exemplo –, não solicitou que o som fosse desligado ou abaixado? (Escola 2. Repertório escutado. 9 de dezembro de 2009, período da noite.)

Nos momentos de espera que antecedem a apresentação de uma peça de teatro, e nos momentos posteriores a ela, o volume das músicas estava totalmente inadequado, muito acima do necessário e era preciso gritar para conversar com quem estivesse próximo:

Por volta das 10h45, na quadra de esportes, alunos e professores aguardam o início do teatro (esquete, o mesmo teatro em cujo ensaio, no dia 30, dois celulares tocavam ao mesmo tempo). Inicialmente identifico as músicas como *Macho Man*, em *remix*, no estilo *dance*. Depois duas outras, uma no mesmo estilo e um funk. (Escola 2. Repertório escutado. 1º de dezembro de 2009.)

As situações supraindicadas e a coleta seguinte evidenciam uma submissão das pessoas ao loteamento do espaço sonoro, ante a qualquer voz ou música que estiver sendo emitida por um equipamento de som:

Na secretaria, o local é fechado, o balcão de atendimento ao público é fechado por um vidro com pequena abertura embaixo para passar papéis. O local é composto por três salas interligadas e dois banheiros (masculino e feminino). Na primeira sala funciona a secretaria, e nas outras duas, com ligação direta (porta), a diretoria e a coordenação pedagógica. Na secretaria, podendo ser ouvido em menor volume, o rádio fica o tempo todo ligado, sintonizado na emissora Nova Era. Segundo minha percepção, o repertório é predominante de pagode, axé, música sertaneja e com canções de outros estilos musicais que são ou que foram *hits*.

O volume costuma permitir que as pessoas ouçam umas às outras sem precisar alterar voz. Especificamente hoje, quando a diretora irritou-se na busca de soluções para questões organizacionais da escola, falando mais alto e mais rápido do que o habitual, o rádio foi abaixado ou desligado, mas não consigo perceber por quem. Alguns minutos depois retornou em volume menor do que estava. O equipamento utilizado é um CD *player* da escola, que fica em cima de um arquivo de aço. (Observação, em 18 de dezembro: O responsável pela execução sonora, ou pela iniciativa em ligar o equipamento, é a secretária da escola, conforme posteriormente descobrimos, em uma das entrevistas com funcionários.) (Escola 2. Repertório escutado. 1º de dezembro de 2009.)

Anamaria: "Eu percebi que na secretaria o rádio costuma estar ligado."

Funcionária 1: "Na secretaria eu ligo e a diretora desliga. [Ela liga no início do expediente e a diretora desliga no final do expediente.] Não tinha hábito de ouvir música na secretaria, fui eu também quem começou a colocar música aqui." (Escola 2. Entrevistas com funcionários. Funcionária 1. 17 de dezembro de 2009.)

Quando identificamos e caracterizamos o fenômeno do loteamento do espaço sonoro no início do nosso trabalho, trouxemos a audição involuntária como um dos quatro elementos característicos. A pesquisa de campo não apenas corroborou nossa afirmação, mas revelou que essa audição se dá de uma forma muito mais ostensiva, a ponto de haver uma naturalização da audição involuntária, cujo objeto sonoro, mesmo perturbando e incomodando as pessoas, não suscita nestas nenhuma medida efetiva para a diminuição do volume ou para o retorno ao silêncio.

Na audição involuntária, destarte naturalizada, os sujeitos ouvem as músicas executadas, mas, a princípio, não atribuem a elas o significado de músicas escutadas, mas sim o de ruídos ou de sons a serem ignorados. Somente quando nós indicamos objetivamente aos sujeitos entrevistados as músicas que foram executadas e as circunstâncias específicas em que o foram, eles passaram a mencioná-las na categoria de músicas ouvidas.

Percebemos tal comportamento como uma distorção da percepção em relação ao que se passa no espaço escolar e encontramos o correspondente a essa distorção no conceito de "dissonância perceptual", termo usado por Arnheim (1988). O autor indica a dissonância perceptual como uma ausência de consciência imediata em relação a algum fato ou evento ao qual o sujeito tem acesso pelos sentidos.

A interpretação das coletas acima e a comparação entre os dados obtidos pelo repertório escutado (coletas de 1º de dezembro de 2009) e pelas entrevistas, (coletas de 1º, 3 e 10 de dezembro de 2009) nos conduziram a explicar a naturalização da audição involuntária pela dissonância perceptual. Os três alunos entrevistados estavam presentes na situação de coleta de repertório escutado, em 1º de dezembro de 2009, na apresentação da peça de teatro, mas nenhum deles mencionou as músicas executadas naquela ocasião:

Anamaria: "Que músicas você ouve na escola?"
[A aluna hesita.]
A aluna não mencionou as músicas que ouviu na espera e no encerramento do teatro antes de nossa entrevista. A *Aquarela*, que toca junto com o sinal, tocou no momento da nossa entrevista e ela hesitou em responder. (Escola 2. Entrevista com alunos. Aluna 1. 1º de dezembro de 2009.)
Anamaria: "Quais delas [músicas] já escutou na escola, sem ser no seu equipamento?"
Aluna 2: "Essa agora [a que ela tocou no celular para eu ouvir] e *Como é grande meu amor por você*. Eu cantei na rádio. [...] E todas que eu falei assim eu canto na sala [de aula], mas de ouvir no rádio eu não ouvi."
Anamaria: "Você canta?"
Aluna 2: "Faço o salmo, é bem calmo." A aluna conta que é solista na igreja católica.
Anamaria: "Das músicas que tocam na escola, quais você não conhecia?"

Aluna 2: "Ah, acho que não. Nenhuma."
Comentamos a escuta das músicas que foram executadas antes e depois da apresentação do teatro, e que ela não mencionou.
Anamaria: "Porque você acha que essas músicas foram tocadas na escola?"
Aluna 2: "É verdade, tocou um monte de música em inglês, eu não gosto muito de inglês, não escuto muito." (Escola 2. Entrevista com alunos. Aluna 2. 3 de dezembro de 2009.)
Anamaria: "Quais músicas você lembra que ouviu na escola?"
Aluno 3: "*Aquarela*, escuto um pedacinho dela todo dia na escola. Pelo que eu lembro."
Anamaria: "Qual mais?"
Aluno 3: "Ah [...] eu esqueci." Percebo que o aluno não citou outras porque esqueceu. Eu cito algumas que passaram numa filmagem da aula de Música, a que ele assistiu ainda hoje (primeiro dia em que foi assistir ao ensaio do *Trenzinho do caipira*).
Anamaria: "Quais você não conhecia?"
Aluno 3: "*Trenzinho do caipira*." (Escola 2. Entrevista com alunos. Aluno 3. 10 de dezembro de 2009.)

Pensamos que, se a dissonância perceptual passa a ser considerada por nós como uma propriedade da audição compulsória assim naturalizada, tal naturalização talvez seja resultado de uma estratégia que os sujeitos desenvolvem para se defender do assédio sonoro. Ignorar as músicas que não se escolheu ouvir do mesmo modo como se procura ignorar ruídos indesejáveis e inevitáveis, resultando na dissonância perceptual, não deixaria de ser, ainda que inconscientemente, um recurso para suportar a audição involuntária. Contudo, um dos aspectos para os quais nosso trabalho aponta é o fato de que tal recurso não se configuraria em uma forma de resistência ou de enfrentamento ante a audição compulsória. Ao contrário, a dissonância perceptual, enquanto forma de minimização da consciência imediata e de dessensibilização, realiza uma analgesia nos sentidos e abre espaço para que o loteamento do espaço sonoro aconteça sem resistência.

Inviabilização do silêncio com sons principais e secundários

A inviabilização do silêncio foi também um dos pilares para a construção de nosso conceito de loteamento do espaço sonoro, no sentido da audição involuntária dos sons eletrônicos e padronizados que acompanham os produtos eletroeletrônicos. As coletas realizadas pelo procedimento de repertório escutado, de levantamento do acervo sonoro-musical e observação livre indicaram que a inviabilização do silêncio se dá por sons executados automaticamente, como na abertura e encerramento de programas de computadores, nos toques de celulares, no sinal de início e de final de aulas, bem como em diversos produtos e serviços.

No caso do sinal musical da escola 2, além do anúncio do horário e do trecho da música *Aquarela*, há um intervalo de duas notas (coleta de 30 de novembro, repertório escutado). A peculiaridade deste assédio sonoro no espaço escolar é que parte dele (músicas e sinal musical) se dá por iniciativa, ou com apoio, da direção da escola, como parte das atividades escolares, e, segundo constatamos, com as mesmas características do loteamento do espaço sonoro fora do espaço escolar.

Alguns professores indicam desaprovação em relação ao sinal musical nesta escola (anúncio do horário e trecho de rock com um grito):

> Perguntado sobre o repertório usado na escola, responde que alteraria. Concorda com o sinal musical, mas diz que: "Por ser semestral, enjoa um pouco". Percebe que o sinal com sirene é mais respeitado pelos alunos, e com música não, e que este demora mais. Ainda assim prefere o sinal musical. Pergunto o que pensa do repertório executado na escola. Responde que é: "Para agradar todos os tipos de gosto. A música pra mim é como política, religião, esporte. Cada um vai ouvir o que faz bem pro seu ouvido. [...]. Renato Russo é dez, pelo conteúdo. Créu, Quadrado, Piriguete é zero. Porque não tem conteúdo". Diz que se agrada da música do quadrado (funk),

mas acha que tem falta de conteúdo. (Escola 1. Entrevista com professores. Professor 1. 2 de junho de 2008.)

O trecho da entrevista, anteriormente citado para indicar o uso da tecnologia, indica também a desaprovação em relação ao uso do sinal musical:

> Professor 6: "Eu não gosto muito do sinal, porque ele começou de um jeito, com *Aquarela*, aí foi se dando opções de fazer as músicas em casa, no computador. Eles pegam montagem das coisas que são gravadas. Você quer ensinar o aluno a aprender e apreciar uma melodia mais elaborada. Mas como, se o próprio sinal da escola toca uma coisa diferente?" (Escola 1. Entrevista com professores. Professor 6. 3 de setembro de 2008.)

Na escola 2, o mesmo acontece com o sinal musical (coleta de 30 de novembro de 2009, repertório escutado), que na sala dos professores assusta a estes. No caso dos celulares que tocam música no pátio (coleta de 30 de novembro de 2009, repertório escutado) enquanto a professora preparava o ensaio do teatro, sequer foi possível identificarmos (ela e eu) a fonte sonora, o que só consegui fazer depois com a ajuda dos alunos. A professora achou que o som dos celulares que tocavam no ambiente (pátio) em que estávamos pudesse vir de uma creche vizinha.

As músicas dos meios de comunicação de massa orientam o repertório da escola

As músicas padronizadas representam uma forma importante e eficaz de a indústria cultural explorar a memória musical a fim de domesticar o ouvinte para o loteamento do espaço sonoro, de modo que ele aprenda, memorize e aceite com docilidade os padrões musicais. Nesse contexto, "os professores são, do mesmo modo como seus alunos, consumidores, igualmente submetidos às sugestões da mídia e por ela influenciados" (Bertoni, 2001, p.79).

Se o repertório ouvido no espaço escolar é orientado pelos meios de comunicação de massa, percebemos que os aspectos envolvidos nesse fato são: validação, pela indústria cultural, das atividades musicais desenvolvidas na escola, inadequação da tecnologia às necessidades do espaço escolar, Educação Musical nos moldes da indústria cultural – pelo uso não autoral da tecnologia, tomando a mera utilização desta por fazer artístico – e a ingenuidade pedagógica (desconsideração por parte dos educadores e responsáveis pelo espaço escolar dos efeitos negativos em relação ao teor e à mensagem das músicas).

Sobre a ingenuidade pedagógica encontramos os seguintes dados:

> Sobre o repertório usado na escola ela concorda. "Sim. Acho que a gente tem que ir junto com a moçada. Se está bom pra eles, está bom pra mim [...] Não interfiro nem me incomoda." Diz que, na escola estadual, o funk, com palavrão, com apelo erótico, incomoda. "Os alunos levam. Os alunos levam no celular e tocam isso dentro da aula. [...] Na minha casa eu ouço o que eu quero, aqui a escola é deles. Eles têm que ouvir o que eles querem, não sendo uma coisa agressiva não há impedimento." (Escola 1. Entrevista com professores. Professor 3. 2 de julho de 2008.)

Na escola 2, os dois funcionários entrevistados e que na maioria das vezes são os responsáveis técnicos pela execução musical indicam:

> Anamaria: "Alguém direcionava, orientava ou proibia alguma escolha sua?"
> Funcionária 1: "Eu tinha total liberdade pro funcionamento da rádio." (Escola 2. Entrevista com funcionários. Funcionária 1. 17 de dezembro de 2009.)
> Anamaria: "Você já recebeu alguma orientação aqui sobre o que pode ou o que não pode?"

Funcionário 2: "Ninguém chegou em mim e falou não toca isso, não toca aquilo, esse tipo de música pode, esse não, mas a gente tem consciência. Eu não gostaria que meus filhos estivessem aqui na escola ouvindo esse tipo de música. A gente tenta evitar. [...] A escola poderia trabalhar bem primeiro o próprio aluno em saber ouvir não só o que ele gosta. Saber a hora de ouvir certos tipos de música". Na escola tem que tentar ter um pouco mais de cultura pra eles do que em casa, porque música é cultura."

Anamaria: "Por quê?"

Funcionário 2: "Pra não virar um oba-oba."

Anamaria: "Por que você se preocupa com isso?"

Funcionário 2: "Independente da função, numa escola a gente se vê como educador." (Escola 2. Entrevista com funcionários. Funcionário 2. 17 de dezembro de 2009.)

Interpretamos a fala do funcionário 2 como amostra do que pode ser uma semente de resistência. A parir dela seria possível uma tomada de consciência em relação às implicações éticas e estéticas da Educação Musical e de, assim, resistir à Educação Musical perversa que o loteamento do espaço sonoro realiza. Percebemos que, embora exista certa preocupação com o caráter ético da música, essa preocupação não se formaliza, ao contrário, segue um senso comum, ou ainda, o senso particular de quem opera os equipamentos sonoros. Esse senso é ainda relativo ao momento escolar em que as músicas são tocadas:

Funcionária 1. "[...] E muitos pediam músicas cantadas, como Djavan, Ivete Sangalo. Rolava de tudo. [...] E também o que alunos pediam. Eles pediam, mas não podia, funk, pagode, sertaneja, dentro da classe não podia, mas no recreio podia." (Escola 2. Entrevista com funcionários. Funcionária 1. 17 de dezembro de 2009.)

Na escola 1, chamou-me a atenção o teor da letra executada durante a festa junina.

Uma das músicas tocadas é Beber, cair e levantar, um forró com acompanhamento musical de estilo sertanejo. Chama-me atenção que, mesmo se ignorando a subjetividade da melodia, do ritmo como aspectos tratados neste trabalho, a letra tem uma mensagem objetiva e explícita sobre a bebida. Essa mensagem não é encarada ou percebida como nociva ao ambiente escolar. Todos estão ouvindo essa música, mas neste mesmo ambiente as bebidas alcoólicas não são vendidas aos menores. Esta é a letra da música:

Vamos simbora, pra um bar / Beber, cair, levantar / Vamos simbora, pra um bar / Beber, cair, levantar [este último verso é repetido como refrão, por mais oito vezes, em estrutura melódica simples de pergunta e resposta] Cabra safado, cara zoeira / Só gosta mesmo é de mulher treiteira / Mulher direita o cara não quer / Fica travado e até briga com a mulher / Eu já tentei mudar pro meu amor / Mas a cachaça me pegou e a farra agora é o meu lugar / Eu já tentei mudar pro meu amor / Mas a cachaça me pegou e a farra agora é o meu lugar / Mas se você quiser me acompanhar, eu vou te convidar / Pra ir pra onde? / Vamos simbora, prum bar / Beber, cair e levantar. (André; Adriano, 2008)

Eu percebo esta música como uma apologia ao uso excessivo da bebida. A mensagem dela é muito diferente de outras que atribuem caráter dramático ao uso do álcool. A música tem ritmo rápido e dançante, e os cantores – tanto na gravação original, com Bruno e Marrone, como na festa, com a dupla contratada – têm no rosto e na voz expressões alegres enquanto cantam. Então vivemos com essa contradição: propagandas na televisão com "Se dirigir, não beba" e uma trilha sonora de Beber, cair e levantar *muito fácil de ser memorizada. Agora, ao escrever, tenho dúvidas se é se dirigir não beba, ou se beber não dirija, mas não tenho nenhuma dúvida sobre o refrão nefasto que sei inclusive cantar.* (Escola 1. Repertório escutado. 5 de julho de 2008.)

A ingenuidade pedagógica, que indicamos aqui, abriu espaço para episódios pontuais que transcenderam a mera desconsideração sobre o caráter ético da mensagem estética, e revelaram mesmo o que interpretamos como distorções e perversões nesse caráter.

É a sala da 2ª série. Quando entro na sala os alunos estão sentados nas carteiras e em silêncio para ouvir a música. A professora, que já me conhecia, explica do que trata a música. Estão revendo o resultado de um trabalho realizado sobre o lixo (*Lixo no lixo*, um rap composto por quatro alunos e gravado com auxílio do professor de Música). Nesse momento saio do foco do loteamento do espaço sonoro e passo a me deter mais no processo de composição da música, em compreender como se dá o envolvimento dos alunos e da professora nessa atividade musical. Há matéria no jornal local da cidade sobre esse trabalho. A professora me dá um depoimento e disponibiliza a gravação da música em áudio.

(Depoimento da professora de uma 2ª série.)
"Nosso projeto surgiu pelo 'Projeto Respeito', da escola. Cada sala ou série escolheu um tema que indicasse a necessidade de respeito. Nós escolhemos trabalhar o lixo e fizemos um trabalho de base. Estudamos as questões referentes ao lixo e também outras sociedades que são mais civilizadas em relação ao lixo (Japão, Europa, sul do Brasil). Assistimos um filme, *O desafio do lixo*."

Anamaria: "Porque você escolheu o filme?"

Professora da 2ª série: "Cheguei no filme porque fui ver na escola o material que tinha disponível sobre o assunto. Trabalhamos esse filme que tinha uma música do Gilberto Gil. Aí decidimos fazer uma música. A princípio saiu um texto, não dava uma música ainda, aí surgiu um poema e do poema pra música foi mais fácil, e aí perguntamos que música que é crítica, que gênero de música que é crítico? O rap. Foram quatro alunos envolvidos e eu fui fazendo intervenções, para auxiliar na composição. Aí o professor de Música ajudou. O ritmo da música já estava montado, e precisou adaptar melhor em algumas palavras pra dar certo com o arranjo."

Anamaria: "O que fez você pensar no rap para uma música crítica?"
Professora da 2ª série: "Eu já havia pensado no rap. Os alunos gostam de rap e é um gênero crítico. Pensamos no potencial que a música tem para passar mensagens para outras pessoas." [...] O professor de Música ajudou e fez o arranjo e a gravação com eles. Abaixo, a letra da música cujo áudio está anexado a este exemplar.

Lixo, o Lixo, lixo, o lixo / Jogado no ambiente não! / Somos brasileiros / Temos que honrar nossa nação / O mundo está perdido / A falta de respeito / Parece não ter jeito / O homem não enxerga / O que está acontecendo / Todas as enchentes / São por causa da gente / Irmão, preste atenção / Não jogue lixo no chão / No chão da sua escola e da sua cidade / Não vê que isso volta pra você / Prejuízo... desabrigo... / Quanta tristeza / Pessoas sumindo na correnteza / Irmão preste atenção / No seu coração / Olhe com respeito / Com muito jeito / E com grandeza / Cuide da natureza / Faça sua parte / Deus fez o mundo / Com muita arte / Seja diferente / Respeite o ambiente / Falou, irmão / Não jogue lixo no chão / Não jogue lixo no chão / Não jogue lixo no chão

(Quatro alunos da 2ª série, com intervenções da professora, como parte do projeto sobre o lixo. 2009.)

(Escola 2. Repertório escutado. 30 de novembro de 2009.)

Embora a ingenuidade pedagógica presente neste caso não se relacione ao loteamento do espaço sonoro, a Banca do Exame de Qualificação de Doutorado, que avaliou a pesquisa que embasa este texto, indicou ser relevante observar um dos resultados de uma situação de Educação Musical distorcida. O objeto de atenção foi o desvio da culpabilização do problema do lixo, afastando a questão do âmbito do sistema de produção industrial e da administração pública e reduzindo-o aos domínios das crianças, como se estas pudessem de fato diminuir as enchentes e as vítimas que elas fazem.[11]

---

11 A banca observou que, na mesma época em que a música foi feita, o então prefeito de São Paulo, Gilberto Kassab, ia para a televisão mostrando que as

A música traz estrutura padronizada e timbre sintético imitando instrumentos acústicos.

Outro episódio a enfatizar um caráter perverso expresso na mensagem estética é o da música *Maria Bochecha*, esta, parte integrante de material destinado à Educação Musical infantil. Na apresentação de final de ano, todos os alunos do período da tarde de uma escola de ensino infantil, ensaiados pelo professor de Música, se reúnem na quadra coberta da escola, e participam com várias músicas, além desta, cantando junto com as gravações e fazendo gestos.

[...] Uma das músicas tem uma letra que me parece ser uma apologia ao bullying, e espanta-me ela ser composta especialmente com finalidade pedagógica para o ensino infantil.

31 de janeiro: Posteriormente (10 de dezembro), em função do meu trabalho na rede municipal de educação, tenho acesso aos relatórios elaborados pelo professor de Música nos quais constam a letra da música e o relato da atividade didática que a acompanha:

Atividade Maria Bochecha (com música)
João olhou pra cá
João olhou pra lá
Quando viu Maria Bochecha
Começou a bochechar
Bochecha, tchu, tchu, tchu. [Este trecho foi repetido na música, e no "tchu" as crianças soltavam o ar pelos lábios, em "br", enquanto apertam as próprias bochechas com as mãos, tudo ritmadamente, ao som da canção.]

Enriquecer a história com detalhes enquanto é contada, assim a música será enriquecida e prepara a atenção das crianças.
Relato da atividade realizada.

---

enchentes de São Paulo aconteciam por causa do lixo que as pessoas jogavam nos bueiros.

Pedir às crianças que formem um círculo e sentem-se no chão, perguntar como João fazia quando via Maria Bochecha reproduzindo o som juntas, dar lápis e folha para cada criança e pedir que registrem da sua maneira as bochechas de Maria. Como estímulo pedir que cada um leve sua folha para casa, conte e cante a história para os pais e amigos. Com esta atividade foram trabalhados os seguintes aspectos: lateralidade, longe e perto, pulso, freio inibitório, movimento, expressão facial, criatividade, concentração, desenvoltura.

(RELATÓRIO DE ATIVIDADES DA EDUCAÇÃO MUSICAL. Elaborado pelo professor. Arquivo da Secretaria Municipal de Educação da cidade. 2009.)

É difícil registrar esse dado repugnante. Também é impressionante tê-lo encontrado. Bullying *é eufemismo. Barbárie é mais adequado. A canção está gravada em voz feminina, muito suave e melodiosa, acompanhada por piano.* (Coletas realizadas em outros espaços escolares que não os das escolas 1 e 2. Repertório escutado. 4 de dezembro de 2009, período da tarde, escola municipal de ensino infantil.)

Os critérios de escolha e execução das músicas nos espaços escolares estudados, e que favorecem a influência da indústria cultural, foram: a prevalência da facilidade de acesso ao repertório musical, os pedidos informais de alunos e educadores e o gosto pessoal de quem opera os equipamentos de reprodução sonora. Isso porque, permeados pela ingenuidade pedagógica – acompanhada da infância cultural, conforme traz a Introdução deste trabalho –, os responsáveis pelo espaço escolar desconsideram os conteúdos educativos de caráter ético, contidos nas letras e nas formas de se apresentar as músicas, e se submetem aos padrões musicais da indústria cultural para validar as atividades escolares que envolvam música.

Sobre a quantidade de música executada na escola, diz ser "Pouca música. Muito pouca música". Deveria haver projetos para um leque de opções maior. O espaço do aluno para colocar música no recreio é usado com os produtos da mídia. Percebe muita semelhança entre o repertório usado na escola e o executado no rádio e na TV. (Escola 1. Entrevista com professor. Professor 1. 2 de junho de 2008.)

Diz que não gosta de trabalhar música internacional – refere-se a esta como música americana. Mas, na escola, com os alunos da manhã usa este repertório "pra não comprar briga. À tarde eles são mais receptivos. Aí eu ponho o que eu acho que eles têm que conhecer e recebo a deles, que não é nada absurdo". Pergunto quem ganha no balanço do repertório. Ele diz que de manhã a cada dez músicas que tocam na rádio sete são escolhidas pelos alunos e três por ele. (Escola 1. Entrevista com professor. Professor 5. 26 de agosto de 2008.)

Anamaria: "Você concorda com o repertório usado na escola? Você alteraria?"

Professor 6: "Não. Não concordo. Eu acho que tem professoras que passam músicas, principalmente em fim de ano, mas elas não conhecem a música, não tem música dentro delas, aí elas falam pro aluno cantar mais alto, ou mais baixo, sem considerar as possibilidades e as técnicas. [...] Na banda também não considero muito bem, poderia ser melhor. Mas se não fosse assim, não teria banda. Fizemos um trabalho com décadas, pegando uma música de cada década. O resultado disso foi apresentado em Jaboticabal, na faculdade, e com o reconhecimento das pessoas lá, eles [alunos] passaram a gostar e facilitou o trabalho dentro da banda."

Anamaria: "Por que acha que esse repertório é executado?"

Professor 6: "Porque musicalmente é pobre, é sempre uma bateria de teclado, por limitações técnicas." [...].

Anamaria: "Você acha que existe alguma relação entre a imagem da banda da escola com a novela *Malhação*? [novela dirigida ao público juvenil, cujas tramas se passam com alunos da mesma escola, e esta escola possui bandas de música]."

Professor 6: "Sim, já vi várias. Modo de se vestir, vocabulário, 'caracas' [o uso da expressão] e sugestão de repertório. Acho que se propuséssemos uma *Malhação cover* ia ter fila de espera para entrar na banda. A banda começou com dezesseis pessoas, e ficaram oito porque os que entraram queriam apenas tocar o que quiseram. A direção [da escola] resistiu ao meu jeito de trabalhar, e eu também resisti e ela viu que meu jeito de trabalhar deu resultado. Teve a experiência em Jaboticabal, eles foram aplaudidos cantando MPB." (Escola 1. Entrevista com professor. Professor 6. 3 de setembro de 2008.)

A validação das atividades musicais escolares pelos padrões da indústria cultural também se refletiu no modo como essas atividades se efetivam. Assim, pudemos ver que a simples aplicação/manipulação da tecnologia é tomada por fazer artístico. Em outra coleta, temos – como na maioria dos eventos comemorativos observados – o professor de Educação Musical envolvido com a operação de equipamentos tecnológicos.

É noite (19h15) e na quadra coberta aguardamos a apresentação de final de ano para os pais e familiares de alunos de todas as séries, reunindo mostra do trabalho realizado. A mostra foi feita por apresentação de PowerPoint em data-show com mostra do trabalho de cada série e disciplina, com fotos, trilha sonora e fala do professor (esta ao vivo, com microfone) e algumas apresentações de esquetes de teatro, de dança e quatro apresentações de música. [...]
Os responsáveis técnicos pelas execuções musicais no espaço escolar foram o professor de Música (que montou as apresentações no PowerPoint, escolheu a trilha sonora e operava os equipamentos) e o prestador de serviço contratado que alugava o equipamento de som. As músicas que não fazem parte da apresentação (músicas de espera e de encerramento) foram tocadas por escolha do proprietário do equipamento de som, contratado, a quem pertencem os respectivos arquivos de áudio. [...]
O professor de Música utilizou em um dos momentos do evento uma flauta doce. Nos demais momentos esteve operando notebook e equipamentos de som, estes, juntamente com os contratados para sonorizar o ambiente. (Escola 2. Repertório escutado. 9 de dezembro de 2009.)

Na mesma coleta, outro fato indica o uso não autoral da tecnologia. Embora essa tecnologia possa, a princípio, ampliar as possibilidades de acesso à informação e à comunicação, constatamos que seu uso fica reduzido ao emprego desta segundo suas possibilidades imediatas, na medida da formação/semiformação dos sujeitos que a utilizam.[12]

> A convite da orientadora pedagógica, eu e os alunos do grupo musical que coordeno nesta escola (O Trenzinho do Caipira) gravamos um vídeo, com músicas e depoimentos, que seria reproduzido no evento. Optamos por usar o vídeo porque a maioria dos alunos, residente na zona rural, não poderia comparecer ao evento. Algumas das famílias que compareceram foram de trator. No início do evento a vice-diretora me avisa que o vídeo não seria apresentado porque ninguém soube como executar o arquivo e incluí-lo na apresentação em PowerPoint, ou de nenhum outro modo possível de ser exibido no data show. [...]
> *Contei 28 computadores na escola. A maioria deles em rede e ligados à internet. Um estagiário presta serviço na escola como técnico em informática. O professor de Música que ficou encarregado de fazer as apresentações no PowerPoint possui na escola um projeto com a proposta de ensinar os alunos a usarem a tecnologia digital para edição e reprodução de música em áudio e vídeo.* (Escola 2. Repertório escutado. 9 de dezembro de 2009.)

A tecnologia que pode representar uma novidade de condições temporais e espaciais, e um novo meio para produções autorais, tem se efetivado na utilização rudimentar dos seus recursos e se consolidado como mais um veículo de comunicação de massa e de massificação propriamente dita.

Além de a tecnologia ser usada com caráter meramente de reprodução, não sendo instrumentalizadora para trabalhos

---

12 Considerações a esse respeito são feitas no final do Capítulo 2, "Da indústria cultural à industrialização da cultura: limites e alcances da Teoria Crítica".

autorais, entendemos que tomar o emprego dela por fazer artístico favorece certa confusão. Falamos desta em relação às atribuições dos profissionais contratados para a Educação Musical e às de outros sujeitos que, dentro do espaço escolar, têm os conhecimentos técnicos necessários para operar equipamentos tecnológicos, sejam eles inspetores, secretários, sonoplastas contratados para eventos e até mesmo alunos mais velhos. Dessa forma, o repertório musical que é executado no espaço escolar, de modo geral, segue as preferências dessas pessoas.

Os alunos da manhã já deixaram a escola e aproximadamente às 12h55 uma professora do ensino infantil entra na rádio e aumenta o volume do sinal. Do pátio interno, onde não se costuma ouvir o sinal que era reproduzido nas salas, este passa a ser ouvido. Tocam-se músicas diversas da Xuxa. Há um vozerio de crianças. Exatamente das 12h59 até as 13 horas há o sinal do período da tarde, este cada dia com músicas variadas que os alunos colocam. (Escola 1. Repertório escutado. 19 de junho de 2008.)

À tarde a rádio interna da escola utiliza o som de emissora de rádio local, porque o computador em que está a programação da rádio da escola está quebrado. (Escola 1. Repertório escutado. 19 de agosto de 2008.)

Pergunto se percebe alguma semelhança entre o repertório usado na escola e o executado no rádio e na TV. Responde que: "Em relação aos alunos sim, o que tem na moda. Sem ser funk não agrada". (Escola 1. Entrevista com professor. Professor 1. 2 de junho de 2008.)

Anamaria: "Você concorda com o repertório usado na escola? Alteraria?"

Professora 4: "Eu acho justo, é o que eles estão ouvindo agora. Eu acho que é o momento deles. Mas tenho medo de que nunca conheçam mais nada, Renato Russo por exemplo."

Anamaria: "Por que você acha que esse repertório é executado?"

Professora 4: "Por causa das solicitações, há quem goste infelizmente. [...] O acesso é muito fácil, o poder de opção é maior.

O acesso maior é mais específico, e a pessoa nem passa para conhecer outras músicas."

A professora explica-me que pensa que a facilidade de acesso às músicas pelos meios de comunicação e principalmente pela internet é muito grande, mas muito específica quanto aos estilos de música. Diz que as pessoas acabam por não conhecer outros estilos. Eu já havia pensado nisso, mas ela coloca esse fato com muita clareza e eu abandono a transcrição para ouvi-la. (Escola 1. Entrevista com professor. Professor 4. 26 de agosto de 2008.)

De fato, em virtude do repertório escutado nas coletas – parte dele conseguido pela internet –, que, na sua maioria, é o mesmo das músicas padronizadas encontradas nos veículos de comunicação de massa, constatamos que a tecnologia (informática e internet) não foi utilizada para expandir o universo cultural e possibilitar o acesso a músicas que não as dos veículos de comunicação de massa. A tecnologia facilita o acesso, possibilita a diversidade, mas isso não tem eficácia se o capital cultural não permitir a expansão da diversidade. A tecnologia, por si, não ajuda as pessoas a encontrarem o que não conhecem, o que não lhes é familiar.

Os equipamentos utilizados são CD *player*, caixa amplificada e microfone da escola. Os responsáveis pela execução/sonorização no espaço escolar são a professora de Ciências, um inspetor e os alunos do teatro. A razão da execução é abrir e encerrar o evento. As músicas foram escolhidas pelos alunos que fizeram o teatro, de quem também são os arquivos sonoros. (Escola 2. Repertório escutado. Teatro na quadra. 1º de dezembro de 2009.)

Anamaria: "Se você pudesse escolher, pedir, sonhar algo para a escola, o que seria?"

Funcionária 1: "Eu queria ter uma rádio chique, e que não precise usar o som de outras pessoas, e um lugar maior pra rádio. Já pensou ter essas músicas bem antigonas, de jovem guarda?"

Anamaria: "Você já colocou essas músicas? O que acharam?"

Funcionária 1: "Os alunos gostaram, mas perguntam onde eu arrumei." (Escola 2. Entrevista com funcionários. Funcionária 1. 17 de dezembro de 2009.)

Na sequência cada sala faz uma apresentação sob orientação das professoras de sala. As músicas são:

Agora eu vou cantar – Xuxa
Vamos brincar – Xuxa
Pop-pop – Eliana
Carimbador maluco – Canta Raul Seixas, no CD *Balão Mágico*.
O circo – Xuxa
Bate o sino, Papai Noel e Natal das crianças.

O responsável técnico pela execução das músicas era o professor de Música e o repertório foi escolhido por cada professor para a apresentação de sua sala, havendo salas em que há dois professores. (Coleta realizada em outros espaços escolares que não os das escolas 1 e 2. Repertório escutado. 4 de dezembro de 2009, período da tarde, escola municipal de ensino infantil.)

O levantamento do acervo de material sonoro musical também indica a prevalência de repertório musical fartamente encontrado nos veículos de comunicação de massa.

Os arquivos estão em uma sala que funciona como almoxarifado, onde há vários materiais e muitos livros. Não é a biblioteca, mas há muitos livros. Os materiais com música estão em estantes, nas prateleiras do meio e nas de baixo. [...]

Os CDs encontrados foram:
1 CD de história: Chapeuzinho Vermelho
1 CD de história: *Patinho Feio*
1 CD de enciclopédia multimídia dos seres vivos dentro da capa de um CD de Fábio Júnior (o CD não foi encontrado)
1 CD *Conta outra vez*, Lojas Americanas, BMG. Faixas com elenco teatral da Rádio Nacional e fundo musical de Zacarias e sua Orquestra. Produto exclusivo das Lojas Americanas

1 CD As melhores músicas das novelas do SBT. As Pupilas do Senhor Reitor & Éramos seis. SBT/Velas.
1 CD *Angélica*. Columbia
1 CD Sítio do Pica-Pau Amarelo. Caçadas de Pedrinho. Sivad Editorial/Uol
1 CD com encarte/livro. *Volta ao mundo em 80 músicas*, v. 2. Editora Europa
1 CD *Luz no meu caminho*. Som Livre, 1995
1 CD diversos (copiado/compilado por usuário), *Arca de Noé* e *Orquestra dos bichos*
1 CD *Positivo Canta – Educação Infantil Nível I*. Sob licença de Alma Sintética Produções Artísticas Ltda. Coletânea de músicas diversas, com temática infantil de vários álbuns que utilizam indistintamente arranjos sintetizados (principalmente nas músicas tradicionais, de roda) e acústicos
2 CDs com 64 faixas da mesma música, *Mamãe é uma estrela* (copiado/compilado por usuário)
1 CD chamado *Seleção 2* (copiado/compilado por usuário) com músicas de Renato Russo, Caetano Veloso, Raul Seixas, Lulu Santos e Skank
Vários CDs-ROM, de aulas do sistema apostilado, de games didáticos e de histórias infantis com sonorização digital
1 CD Xuxa, Luz no meu coração

Avaliação: muitos CDs de música padronizada da indústria cultural, inclusive os apresentados como material didático. Muitos empregam timbres sintéticos imitando timbres acústicos. Nada confere um diferencial por tratar-se do material que há em uma escola. Durante o tempo em que estive no local ninguém entrou, o que indica que os materiais não são muito utilizados.

[...]

Outros arquivos sonoros estão na rádio. A coordenadora diz que são CDs dos alunos. Eles ficam em duas pilhas, ao lado do aparelho de som que reproduz as músicas para a rádio. Os alunos escalados para operar a rádio têm livre acesso ao equipamento. Os CDs estão, na sua maioria, sem capa, riscados e são cópias/compilação de usuários. Foi preciso ouvir partes dos CDs, para verificar do que se tratava, e se o conteúdo correspondia ao que estava escrito com caneta-marcador.

Os CDs encontrados foram:

1 CD (cópia) identificado como *Semana da Criança, 2007*, com músicas da Xuxa

1 CD (cópia) identificado como *Xuxa depois da terceira série*

1 CD (cópia) identificado como *Músicas de festa junina*, com 22 faixas contendo, dentre elas, arquivos de áudio do *Caldeirão do Huck* (programa da Rede Globo, apresentado por Luciano Huck), com a dupla sertaneja Chitãozinho e Xororó cantando *Como nossos pais*, que Luciano Huck apresenta como música de Elis Regina, e *Moreninha linda*, com Almir Sater, Pena Branca e Xavantinho e um em solo de sanfona.

1 CD (cópia) identificado como *Hinos nacionais*.

1 CD (cópia) identificado como *Hino Solideia*, contendo o hino da cidade.

Alguns CDs trazem na capa o nome do professor de Música e uma identificação, conforme segue:

1 CD (cópia) identificado como Queen Dia dos Pais Colégio X 2007

1 CD (cópia) identificado como *Rasta pé*, que ao ser colocado no computador, este identifica como sendo *Rasta pé/Fala comigo/Forró universitário*

1 CD (cópia) identificado como *Spider Man*. Trata-se de uma cópia do filme homônimo

1 CD (cópia) identificado como *X-Men*. Trata-se de uma cópia do filme homônimo

1 CD (cópia) identificado como *Hinos nacionais*

1 CD (cópia) identificado como *Forró*

1 CD (cópia) identificado como *Aquarela*

1 CD Torre de Babel internacional (trilha da novela)

1 CD *Sertanejo country* – Esso Ultron Music Collection

1 CD *Vila Madalena* (Com várias músicas nacionais). Este tem sinais de muito manuseio, sendo que mal é possível ler a impressão, contendo Xuxa, Pedro Luís e a Parede, Milton Nascimento

1 CD *OMO, 26 cantigas de roda*. Fundação Victor Civita (com instrumentos sintetizados)

1 CD *Romântico nacional e internacional* – Esso Ultron Music Collection

1 CD (cópia) identificado como *Poesia*. Inicia com poesia, parece Drummond lendo a primeira faixa. Sim, é Drummond. São 14 faixas, 10 com poesias e as 4 últimas com músicas: Caetano, Bethânia, Renato Russo, Elis Regina

1 CD *Contos clássicos para ler e ouvir*. Arranjos, gravação e mixagem: Marcos Scheiber. Produção Estúdio Cidade 300. Ciranda cultural

Avaliação idem à anterior e: muitos CDs de música padronizada da indústria cultural, inclusive os apresentados como material didático. Muitos empregam timbres sintéticos imitando timbres acústicos. Nada confere um diferencial por tratar-se de material que há em uma escola. Os materiais pertencem a alunos e professores, e apresentam sinais de manuseio (riscos).

No computador há cerca de oitenta músicas arquivadas. São músicas de vários estilos, como MPB, sertanejo, pop nacional, pop americano, country nacional, rock nacional, rock americano, trilhas de filmes, axé e pagode. Estas músicas são as que ficam na programação do computador e são executadas pela rádio automaticamente. Para executar as músicas dos CDs, pelo aparelho de som ou pelo computador, é necessário que uma pessoa coloque o CD no equipamento. (Escola 1. Levantamento do acervo sonoro-musical. 19 e 20 de setembro de 2008.)

Os procedimentos de observação livre e de repertório escutado indicaram que os arquivos de áudio guardados na sala de almoxarifado raramente são usados, e que os mais usados ficam no próprio computador da rádio escolar, bem como os CDs que ficam na sala onde a rádio funciona.

Pelos dados trazidos acima, juntamente com todos os demais coletados, identificamos que a maioria das músicas executadas no espaço escolar pertence à mesma categoria das músicas padronizadas dos veículos de comunicação de massa, e que são utilizadas no loteamento do espaço sonoro. Estas músicas chegam à escola levadas pelas pessoas que operam os equipamentos sonoros e não encontram nenhum tipo de resistência por parte da equipe pedagógica, que por desconhecimento – supomos – desconsidera o caráter moral do conteúdo musical.

Uma vez que o repertório musical escolar é diretamente influenciado pelos veículos de comunicação de massa da indústria cultural, dois dos elementos que caracterizam essa produção foram encontrados no espaço escolar: a terceira programação – ou melhor, um paralelo escolar a este segmento musical – e o farto emprego de timbres sintéticos imitando timbres acústicos[13] em gravações diversas. Estes dois elementos são tratados nas seções a seguir.

A terceira programação no espaço escolar

Os artistas que resistem e se recusam a trabalhar com os padrões da indústria cultural encontram muitas dificuldades para a distribuição dos seus trabalhos. A indústria cultural encampa parte dessa produção artística não padronizada e a apresenta como segmento cultural alternativo, caracterizado por glamour e pompa, segmento este que a Teoria Crítica chamou de terceira programação (Adorno, 1995). Nela, as músicas são apresentadas como muito elaboradas, sugerindo que sejam de difícil entendimento e incapazes de agradar ao grande público.

Se por um lado a terceira programação possibilita o acesso de um público segmentado às obras de arte, por outro impede que estas estejam ao alcance das massas, porque todas as vezes que lhes são oferecidas já vêm com a sua propaganda subliminar negativa, reforçando a diferença que existe entre elas e a cultura de massa.

---

13 As implicações do emprego de timbres sintéticos em lugar dos acústicos são tratadas no capítulo 5, p.174.

Se nos programas musicais de auditório dançarinas sorridentes e com pouca roupa formam o cenário para um animado grupo musical, com coreografias que são ensinadas ao público, as orquestras e corais se apresentam tradicionalmente vestidos de preto e longo, cumprindo formalidades cujo sentido só os iniciados em música erudita compreendem.

Na televisão, concertos de Natal e solenidades de inauguração executam repertório erudito, da mesma forma que a escola, sobretudo nas formaturas, abre espaço para a execução do Hino Nacional e de músicas eruditas, ou mais melodiosas e de letras com potencial reflexivo e melancólico. Esses são exemplos de momentos cuja importância ímpar a eles atribuída deve bastar para que os ouvintes se submetam a escutar músicas que não fazem parte de seus cotidianos: *Pompa e circunstância* (Edward Elgar) para um evento de pompa circunstancial.

Na nossa coleta, observamos que a maior parte do repertório executado, em ambas as escolas e nos demais espaços escolares, era peculiar às músicas padronizadas e de fácil acesso nos meios de comunicação de massa, inclusive as que foram utilizadas em apresentações e atividades musicais. Contudo, nos momentos mais solenes havia uma mudança dentro desse repertório, de modo semelhante à função do repertório que a indústria cultural apresenta como terceira programação.

Enquanto se aguarda a cerimônia há uma seleção de Djavan e Kenny G. Durante a solenidade, no momento da entrega dos certificados é tocada a música de abertura do programa *Fantástico*, da rede Globo. [...] Após a cerimônia há o coquetel, em que foram tocadas músicas nacionais dos estilos pop, sertanejo romântico e música eletrônica. (Coletas em outros espaços escolares que não os das escolas 1 e 2. Repertório escutado. 8 de dezembro de 2009.)

Anamaria: "E no momento das comemorações, das festas? Quem escolhe as músicas?"

Funcionária 1: "Até o ano passado sempre foi eu que coloquei as músicas. Esse ano [para a formatura da 8ª série, da qual ela foi apresentadora] foi contratado um moço de fora que tinha o som, mas no final eles usaram o meu CD. [...] Eles perguntaram se tinha. Chegaram a tocar mais tecno. Mais no começo e no final. Durante toda a formatura foi usado o CD da escola, que eu fiz. Depois do Hino Nacional eu fui falar uma mensagem e ele só tinha uma música pra servir de fundo." (Escola 2. Entrevista com funcionários. Funcionária 1. 17 de dezembro de 2009.)

Anamaria: "Como foi o som na formatura este ano?"

Funcionário 2: "Na formatura, o professor de Música ia tocar na formatura, mas ele falou pro pessoal do som [contratados] que ele não tinha repertório pra tocar o tempo todo. Eles falaram comigo, se a gente tinha algum CD. Pegamos o da escola, da [nome da funcionária 1]." (Escola 2. Entrevista com funcionários. Funcionário 2. 17 de dezembro de 2009.)

Embora Adorno se referisse à terceira programação como uma forma de a indústria cultural apresentar a música erudita, encontramos no espaço escolar o equivalente à terceira programação, explicitado pela clara e intencional mudança de estilos das músicas executadas nos diferentes momentos do evento.

Entendemos que essa diferença no uso do repertório termina por criar e enfatizar a diferença entre a música para ser respeitada – possivelmente por representar valores de uma cultura considerada superior – e a música para diversão, que é oferecida no cotidiano, como autenticamente popular.

Timbres sintéticos e timbres acústicos

Procedendo ao levantamento do acervo sonoro musical, encontramos materiais para a Educação Musical que utilizam timbres sintéticos imitando os timbres de instrumentos acústicos.[14] Também

---

14 Conforme as considerações no capítulo 5, p.174.

na nossa experiência profissional já havíamos nos deparado com esse tipo de material em diversas situações.

Esses materiais (CDs, livros com CDs, DVDs e programas de computador) são apresentados como recurso pedagógico para atividades musicais e alguns até mesmo produzidos especificamente para a Educação Musical. O que nos chamou a atenção foi o fato de empregarem largamente os sons sintéticos nas músicas – eruditas e canções infantis – que integram o repertório desse material, sem deixar claro que o fazem.

O teste foi realizado com 57 professores, que deveriam identificar se os timbres das músicas eram produzidos por instrumento acústico ou por sintetizador eletrônico. Fizemos uma breve exposição dos procedimentos desse teste e das duas formas de produção do timbre (por instrumento acústico e por sintetizador, indicando que o canto à capela[15] é considerado timbre acústico). Essa exposição se ateve aos aspectos técnicos/conceituais da origem e do modo de se produzir esses timbres, não se referindo às nossas considerações teóricas a esse respeito. Utilizamos trechos iguais de três músicas, de gênero erudito, executados uma vez com gravação de instrumentos acústicos e uma vez com sintetizador, por meio de teclado eletrônico, e trechos de mais cinco músicas diferentes, sendo dois de músicas executadas à capela e três de músicas infantis com voz e acompanhamento.

O procedimento se dividiu em duas fases. Na primeira os sujeitos utilizaram apenas a escuta para distinguir os sons/timbres acústicos dos sintéticos. Na segunda fase os sujeitos receberam cópias xerocadas dos encartes dos CDs dos quais as gravações foram retiradas. De posse desse novo elemento, foi-lhes pedido que novamente indicassem se os sons/timbres eram acústicos ou sintéticos.

As respostas da primeira fase foram confrontadas com as da segunda fase, buscando avaliar em que medida os sujeitos

---

15 Em música, a expressão "à capela" indica o canto realizado sem acompanhamento instrumental.

conseguiram, pela escuta, fazer a distinção dos timbres e, pela leitura dos encartes, compreender as informações sobre a produção daqueles.

(Início de transcrição de parte da coleta do teste de percepção de timbres. 7 de dezembro de 2009.)

Esta coleta foi realizada no período da manhã com o primeiro grupo, composto por 28 sujeitos, professores do ensino fundamental (especialistas e professores de 1ª a 4ª séries) na escola 2, e no período da tarde foi realizada com o segundo grupo, composto por 29 sujeitos, professores do ensino infantil (estudantes de pedagogia e/ou educadores com magistério) em uma escola de educação infantil onde todos os professores desse nível de ensino, da rede municipal, estavam reunidos. [...] os dados dos dois grupos foram agregados de modo a compor uma só coleta, num total de 57 sujeitos.

Ainda, pelo fato de a maior parte dos professores especialistas, presentes no primeiro grupo, atuarem também como professores do ensino médio na rede estadual, e por parte dos sujeitos dos dois grupos atuarem também na rede particular, posso dizer que este procedimento de pesquisa atingiu todos os níveis do ensino oferecido dentro do município.

Confrontando as respostas dos sujeitos para um total de 22 questões, na primeira fase (distinguir o tipo de timbre pela escuta) e na segunda fase (indicar o tipo de timbre pelas informações do encarte do CD).

Gráfico 1 – Quantidade de acertos por sujeitos nas fases.

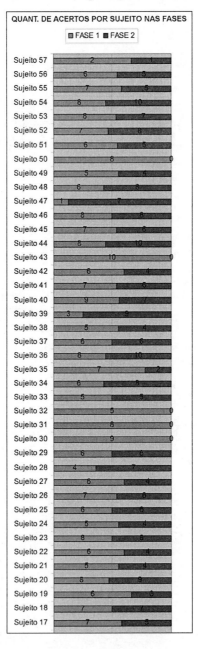

Foram colhidas e registradas as impressões dos sujeitos para com o procedimento de pesquisa nos sentidos do prazer/desprazer e da dificuldade/facilidade em realizar o procedimento. Para a opinião sobre a dificuldade, as alternativas eram "fácil", "pouco fácil", "difícil" e para o prazer/desprazer em realizar o procedimento as alternativas eram "gostei de fazer este teste", "não gostei", "foi indiferente".

Em relação ao prazer/desprazer, quatro sujeitos deram respostas duplas, que foram consideradas e registradas. E no item facilidade/dificuldade as respostas de quatro sujeitos foram anuladas, porque não foi possível compreender, pela quantidade de rasura, se assinalaram todas as alternativas, algumas delas ou se cancelaram todas. Três sujeitos escreveram, no espaço para observações, que o teste era fácil de ser realizado, em relação à tarefa de assinalar as questões, mas que era difícil em relação à proposta de distinguir os timbres pela audição.

Gráfico 2 – Opinião sobre o teste.

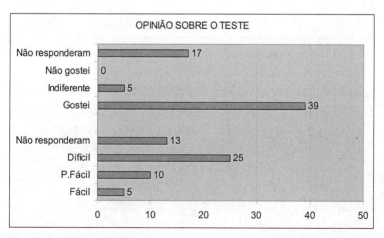

Legenda: P. Fácil = Pouco fácil

Oralmente, foi perguntado aos sujeitos se conheciam os dois modos de produção dos timbres (por instrumento acústico e por sintetizador), por qual tipo de timbre tinham preferência e – para os que não sabiam dos dois modos de produção – por qual timbre passaram a ter preferência, ou, para ambos os casos, se eram indiferentes nessa questão. Vinte e oito sujeitos não responderam a esta pergunta.

Gráfico 3 – Conhecimento da diferença entre timbres e preferência. (Fim da transcrição de parte da coleta do teste de percepção de timbres. 7 de dezembro de 2009.)

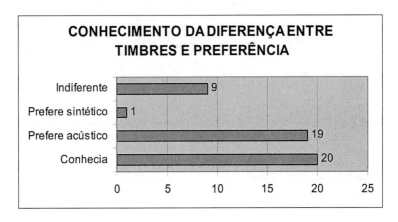

O teste de percepção de timbres inicialmente indicou que os professores desconhecem a diferença entre a origem dos timbres (Gráfico 3, se por produção de instrumentos acústicos ou o por timbres sintéticos imitando os acústicos). O teste (Gráfico 1) indicou também que, uma vez sabendo dessa diferença, é impossível que identifiquem de forma precisa a origem dos sons produzidos, tanto pela escuta como pelos encartes dos CDs.

O Gráfico 2, referente à opinião dos sujeitos sobre o teste, indica que, apesar de 25 sujeitos terem achado o teste difícil, 39 gostaram de participar do processo. As perguntas referentes a esse gráfico foram realizadas com o objetivo de medir o envolvimento dos sujeitos com o procedimento, o que foi avaliado como bom, numa gradação de "insatisfatório", "satisfatório", "bom" e "excelente".

Segundo nosso referencial teórico, o timbre sintético apresentado em lugar do acústico é considerado simulacro da música e objetivação desta. Entendemos que a utilização dos timbres sintéticos em lugar dos acústicos causa uma educação da sensibilidade tal – ou uma deseducação da sensibilidade tal – que favorece o emprego da tecnologia na música, a ponto de se aceitar nesta a ausência de conteúdos artísticos e expressivos. Isto favoreceria a redução do elemento estético apenas à sua dimensão material[16] e, por sua vez, favoreceria o loteamento do espaço sonoro.

---

16 Considerações sobre as dimensões material e espiritual do elemento estético estão no início do Capítulo 3, "Padronização, repetição e reconhecimento".

5
REFLEXÕES COM CONCEITOS FUNDAMENTAIS DA TEORIA CRÍTICA

A palavra *ethos* significava para os gregos antigos a morada do homem, isto é, a natureza, uma vez processada mediante a atividade humana sob a forma de cultura, faz com que a regularidade própria aos fenômenos naturais seja transposta para a dimensão dos costumes de uma determinada sociedade. Em lugar da ordenação observável no ciclo natural das coisas (as marés ou as fases da Lua, por exemplo), a cultura promove a sua própria ordenação ao estabelecer normas e regras de conduta que devem ser observadas por cada um de seus membros. Sendo assim, os gregos compreendiam que o homem habita o *ethos* enquanto a expressão normativa da sua própria natureza. Embora constitua uma criação humana, tal expressão normativa pode ser simplesmente observada, como no caso das ações por hábito, ou refletida a partir de um distanciamento consciente. (Lastória, 2001, p.63)

Inquietação. Foi este sentimento que permeou nossas primeiras percepções acerca daquilo que se transformou no objeto de pesquisa sobre o qual nos debruçamos. Mas esta figura de linguagem "debruçar-se sobre um objeto de pesquisa" representa uma inversão do que acreditamos ter sido a pesquisa. Não nos debruçamos sobre nada: estávamos, sim, imersos no universo da pesquisa e foi necessário, a partir de nossa pequenez, olhar para todas as direções e distâncias a fim de percorrer esse universo, passear por ele colocando na sacola respostas para aplacar a inquietação. Esta inquietação formulou perguntas preliminares aparentemente simples, que a colheita da pesquisa respondeu de forma complexa.

Trouxemos aqui cinco reflexões sobre as perguntas que, ainda sequer tendo sido elaboradas de forma inteligível, fomentaram nossa inquietação inicial. Realizadas com fundamentos da Teoria Crítica, receberam também a contribuição de toda a bibliografia e foram escritas com a liberdade necessária à respiração do pensamento. Tais características são apresentadas na parte final do nosso texto.

Na ocasião do Exame de Qualificação de Doutorado, a banca observou que o fundamento da nossa inquietação residiu sobre o *ethos* do comportamento musical. Por comportamento musical nos referimos às formas de se compor, registrar, veicular e divulgar músicas; às formas de executá-las, escutá-las, de escolhê-las e de apreciá-las, no âmbito de ações individuais que, percebidas no seu conjunto, se configuram em comportamentos enraizados num *ethos* fortemente influenciado pela indústria cultural. Influência esta concretizada no "loteamento do espaço sonoro".

> Portanto, nesse novo *ethos* cultural remodelado com o auxílio dos diversos instrumentais científicos, cuja conversão no mais recente reino de uma implacável heteronomia moral nos é apontada pelos autores, resta apenas aos indivíduos – ao contrário de outrora – mobilizarem as suas energias psíquicas não mais para se deterem diante da força dos costumes e leis sociais, mas para não se deterem entregando-se a ela. Noutras palavras, a dificuldade para os indivíduos modernos em estado de massificação é a de, justamente, transgredir as normas, e não a de observá-las; pois, como salientou Rouanet (1979), a sua observância é facilitada por todos os automatismos de uma cultura cujo poder de repressão se fez tão abrangente e profundo que deixou de ser percebido como tal. (ibidem, p.71)

Junto com a inquietação sustentamos também – sempre – a confiança na espiritualidade e na força de transcendência que os elementos humanos assumem ao se concretizarem nas obras de arte. Apesar da vilania da indústria cultural.

Sob o perigo da hybris epistemológica: ressalvas para a música popular brasileira (MPB)

(Dedicado à cantora Juliana Amaral e músicos do show *Juliana Samba*, realizado em 15 de maio de 2008 no Sesc-Araraquara, com produção de Moacyr Luz, que nos possibilitou a clareza de ideias latentes.)

A produção da música popular é altamente centralizada em sua organização econômica, mas individualista em seu modo social de produção. A divisão de trabalho entre compositor, harmonizador e arranjador não é industrial, mas simula a industrialização, a fim de parecer mais atualizada, enquanto, na verdade, adaptou métodos industriais para sua promoção. (Adorno, 1986, p.121)

Nos textos "Sobre a música popular" (1986, p.115-46) e "O fetichismo na música e a regressão da audição" (1999, p.65-108), Adorno fala do processo de estandardização como um recurso para apaziguar o ouvido diante das dissonâncias. Mas, ainda que considerando que todos os modelos musicais sejam, em maior ou menor grau, entendidos como padrões, temos na música popular brasileira uma considerável riqueza de modelos, combinações e formas de resoluções harmônicas esperadas que tranquilizam o ouvido. Contudo, são muitas e variadas dentro de cada estilo. E dentro de cada estilo o elemento humano ressalta, executando os mesmos padrões com sutis diferenças. Aí estaria a fuga do fazer padronizado e a transcendência dentro da própria padronização: as diferenças de interpretação, ainda que dentro de determinados padrões.

Compartilhadas e respeitadas pelos músicos, as convenções tornam possível que uma orquestra funcione com coerência e se comunique com o público. O sistema socioestético que rege o mundo artístico impõe fortes restrições aos "criadores" e reduz a um mínimo as pretensões de ser um indivíduo sem dependências. Contudo, existem dois traços que diferenciam esse condicionamento nas sociedades modernas. De um lado, são restrições convencionadas dentro do mundo artístico, não resultantes de prescrições teológicas ou políticas. Em segundo lugar, nos últimos séculos foram abertas cada vez mais as possibilidades de escolher vias não convencionais de produção, interpretação e comunicação da arte, motivo pelo qual encontramos maior diversidade de tendências que no passado. Essa abertura e pluralidade é própria da época moderna, em que as liberdades econômicas e políticas, a maior difusão das técnicas artísticas, diz Becker, permitem que muitas pessoas atuem juntas ou separadas, para produzir uma variedade de fenômenos de maneira recorrente. A organização social liberal (ainda que Becker não a chame assim) deu ao mundo artístico sua autonomia, está na base da maneira moderna de fazer arte: com uma autonomia condicionada. E, ao mesmo tempo, o mundo artístico continua tendo uma relação interdependente com a sociedade, como se vê quando a modificação das convenções artísticas repercute na organização social. (Garcia Canclini, 1997, p.40)

Padrões são inerentes à linguagem, à cultura de um grupo e aos idiomas musicais. Qual é o critério para a beleza que poderíamos então empregar na apreciação musical? Pensamos que a beleza estaria em criar novas e inesperadas necessidades, novos encadeamentos e caminhos sonoros, que, mesmo sendo reconhecíveis dentro do padrão – ou dos padrões do estilo musical em questão –, apontariam uma novidade que se amplia pelo agregar de novos elementos.

Há ainda que se considerar um equilíbrio em criar e satisfazer, em inovar e acomodar, diferente do padrão musical estereotipado que pretende oferecer a satisfação pela saturação e que força o indivíduo à fuga de si em vez de proporcionar sublimação e transcendência. Não encontramos referências de que Adorno conhecesse a música popular brasileira. Possivelmente daria ao choro a mesma classificação do jazz, embora este tenha sido mais explorado para o exibicionismo e o choro tenha se mantido em um outro contexto social, com menos caráter dançante.

Apreciadores que somos da música popular brasileira tradicional e não reconhecendo nela os processos que levam à semiformação, acreditamos que sua beleza está na variedade de estilos musicais e na riqueza dos padrões dentro de cada estilo. Numa audição livre, um apreciador capaz é o que pode apreciar vários idiomas, inclusive os que não está habituado a ouvir. A diferença da arte e da não arte é a atuação humana, já que arte somente o homem faz, não a faz nem a natureza – ainda que esta ofereça modelos para o belo – nem a máquina. O belo na música popular é ver não o quê, mas *como* o homem atua sobre o concreto, a interpretação de cada sujeito como artista executante, e esses processos estão fortemente estabelecidos na superação do concreto pelo humano.

Músicos da atualidade questionam a divisão de música em erudita e popular, e Adorno (1986, p.143) fala em "boa música séria", dando indícios de haver uma música ruim, apesar de séria. Poderia assim haver, dentro dos padrões da música popular brasileira, espaços para a experiência formativa no contato, na abertura para entender, ou melhor, sentir diferentes estilos e as diferentes interpretações/execuções dentro dos mesmos estilos.

Não estamos certos se chamaríamos a isso de pseudoindividuação, porque, apesar de haver uma pré-digestão, pensamos que, se a música é uma linguagem, essa pré-digestão, se pensada em termos de modelos característicos de cada estilo, é inevitável: ou estariam todos os músicos obrigados a um experimentalismo fundamentalista, sem fim. Mas retomemos a questão do equilíbrio na relação entre padrão/novidade na música e expectativa/surpresa no ouvinte, porque é o equilíbrio que faz a diferença entre as variedades e possibilidades na estética musical dentro de um padrão e a interpretação/execução humana.

Adorno (1986, p.131), ao tratar da padronização musical, refere-se à "música séria" como passível também de seguir certos modelos na sua estrutura formal: "Seria absurdo negar que tais modelos existem na música séria. Mas sua função é de ordem diferente. Mesmo que se assevere todo esse reconhecimento, isso ainda não é suficiente para compreender o sentido musical".

Faremos algumas considerações sobre o processo de padronização na música popular em Adorno e a padronização nos estilos da música popular brasileira por nós observada. O ponto central da análise será a ideia de sentido musical, trazida pelo autor, e os desdobramentos dela na apreciação estética.

O *sentido musical* de qualquer música pode, de fato, ser definido como aquela dimensão que não pode ser captada só pelo reconhecimento, por sua identificação com alguma coisa que se saiba. Isso só pode ser construído pelo *espontâneo conectar dos elementos conhecidos* – uma reação tão espontânea por parte do ouvinte quanto *espontânea* ela foi no compositor – a fim de experimentar a novidade inerente à composição. O sentido musical é o *Novo* – algo que não pode ser subsumido sob a configuração do conhecido, nem a ele ser reduzido, mas *que brota dele, se o ouvinte vem ajudá-lo*. É precisamente essa relação entre o reconhecido e o novo que é *destruída na música popular*. Reconhecer torna-se um fim, ao invés de ser um meio. O reconhecimento do mecanicamente familiar na melodia de um *hit* não deixa nada que possa ser tomado como novo mediante a conexão entre os vários elementos. É um fato que na música popular a *conexão desses elementos é tão ou mais dada a priori* que os próprios elementos. Assim, reconhecimento e compreensão precisam coincidir aqui, ao passo que, na música séria, a compreensão é o ato pelo qual o *reconhecimento universal* conduz ao surgimento de algo fundamentalmente novo. (Adorno, 1986, p.131, grifos nossos)

Em relação à música popular brasileira, é necessário fazer uma distinção ao atribuir a ela as características do processo de padronização e reconhecimento supracitados. Tratamos apenas da música popular brasileira por esta ser a de nosso conhecimento e envolvimento pessoal, mas consideramos que as músicas de outros países e culturas são passíveis dos mesmos processos aqui indicados. Pensamos que, se os conceitos de Adorno a respeito da padronização musical abrangem um fenômeno de ordem mundial, nem por isso podem, com um caráter absoluto, ser atribuídos a todas as músicas populares, já que a grande referência de música popular na crítica adorniana é a música norte-americana em geral e o jazz em particular, com raras referências ao folclore europeu.

Não nos surpreende que apreciadores da música popular brasileira não a identifiquem como padronizada a ponto de categorizá-la como música cuja audição se dê mecânica e passivamente, excluindo a participação do sujeito na sua interpretação subjetiva. Assim, parafraseando Adorno (1986) ao usar o termo "boa música séria" – indicando a existência de uma música séria ruim –, pensamos haver também a boa música popular, e isso apresenta uma realidade ambígua em relação ao uso de elementos musicais de caráter estético predefinidos: a existência das relações funcionais dos componentes musicais, ainda que, mesmo dadas *a priori* de forma geral, e de forma específica dentro de cada estilo musical, não caracteriza a forma de reconhecimento e padronização de que trata Adorno. Ao contrário, compõem dentro de um ou de vários estilos musicais o repertório formador do conhecimento estético.

De modo semelhante, a existência de um ritmo constante e de sua possibilidade/estímulo à dança é por nós considerada como intrínseca à própria música, cuja expressão dançante dela não se dá como exibicionismo ou privação intelectual, e sim como uma das formas possíveis de sua fruição e manifestação. A presença da poesia, ou melhor, da força poética nas letras da música popular brasileira é outro fator distintivo, bem como os significados semânticos forjados na relação melodia-letra. A possibilidade do novo existe e é o que caracteriza e distingue o trabalho dos músicos (autores, intérpretes, arranjadores e instrumentistas). Por isso, pensamos ser oportuno pontuar que os perigos da padronização musical e da semiformação, denunciados pelo principal teórico em que fundamentamos nosso trabalho, não apenas se confirmam na nossa sociedade, mas também representam uma ameaça à cultura musical popular, que, mesmo tolhida pela indústria cultural em extensão, resiste e sobrevive em profundidade.

É verdade que o sentido musical de uma peça popular pode, sim, ser compreendido, a princípio por uma parte apenas da música, prescindindo de outros elementos. Mas isso não se configura como um problema, porque o material sobre o qual o compositor popular trabalha é diferente do utilizado pelo compositor erudito e a criação da canção se dá justamente a partir dos elementos melodia/letra,[1] sendo natural que estes a representem suficientemente.

Sobre a supracitada divisão de trabalho (Adorno, 1986, p.121), entendemos que, na boa música popular, essa divisão em etapas na produção da arte não descaracteriza a produção artística, ao contrário: articula a criação de artistas diversos em etapas diferentes, tendo como fio condutor a subjetividade da canção. Os trabalhos – shows e CDs – são concebidos dentro de uma proposta estética única e essa individualidade é valorizada pelos artistas. Da mesma forma, o apreciador não fica limitado aos elementos fundamentais da canção, mas tem sua experiência formativa potencialmente ampliada pelos outros elementos musicais – arranjo, execução/interpretação e outros.

O fato de Adorno referir-se à padronização musical da música popular não basta para enquadrar toda a música popular, brasileira ou não, na categoria de música padronizada. Chamaríamos a isso "um grosseiro equívoco de *hybris* epistemológica".

"Fala de criança", segundo Adorno, nas canções de axé e funk: observando a massificação musical no espaço escolar

Pesquisando como o processo de loteamento sonoro acontece no espaço escolar, o comportamento de quatro alunos, entre cinco e quatro anos, nos conduziu a algumas considerações sobre possíveis

---

[1] A análise das canções em Tatit (1996) evidencia a não dissociação de melodia e letra.

relações entre as canções de axé e de funk, e o que Adorno (1986, p.128-9), no texto "Sobre a música popular", conceitua como fala de criança.

Numa aula de Educação Musical, solicitamos aos alunos que fizessem uma roda e quatro deles passaram voluntariamente a entoar uma canção funk na ocasião muito difundida na mídia, e a reproduzir os gestos que a acompanhavam. Pareceu-nos que, além do aparente caráter de indisciplina por saberem que a atitude não fazia parte do que esperávamos para a aula, o pequeno grupo também demonstrava prazer em cantar e fazer a coreografia de forma sincronizada. A melodia era plana, quase falada, a letra com apenas uma palavra que se repetia e os gestos eram bastante simples.

Adorno estabeleceu a ideia de "fala de criança" a partir de termos e sons que se assemelham a ela, uma vez que o uso coloquial de palavras nas canções populares ia além da informalidade: oferecia elementos muito característicos da fala infantil. Tal análise foi possível porque o autor utilizou a psicanálise e a filosofia na interpretação dos códigos estéticos da linguagem, utilizados na fala cotidiana e nas canções. As características apontadas no texto a seguir serão retomadas no decorrer de nossas considerações.

> As brincadeirinhas de criança, o uso de *expressões infantis* em propagandas, tudo isso assume uma forma de uma linguagem musical infantil na música popular. Há muitos exemplos de letras de músicas que se caracterizam por uma *ambígua ironia* nesse aspecto, pois, enquanto fingem uma linguagem infantil, mostram o contentamento do adulto pela criança ou até mesmo dão um *sentido pejorativo ou sádico* a expressões infantis [...]. Versos infantis ingênuos e falsos são combinados com alterações propositais das letras em canções originalmente infantis, para transformá-los em *hits* comerciais. [...] Algumas de suas principais características são: *incessante repetição de alguma fórmula musical particular* comparável à atitude de uma criança que manifesta incessante a mesma exigência [...] *a limitação de muitas melodias a bem poucos tons*, comparável ao modo de uma criancinha falar antes de dispor de todo o

alfabeto; *harmonia propositalmente errônea*, lembrando o modo de criancinhas se expressarem com uma *gramática incorreta*; também *certos coloridos musicais superadocicados*, funcionando como doces e bombons musicais. Tratar adultos como crianças está envolvido nessa representação de divertimento que é buscada para relaxar o esforço diante de suas responsabilidades de adultos. (Adorno, 1986, p.128-9, grifos nossos)

A partir de 1980 as músicas de axé e de funk têm sido apresentadas com muita frequência na mídia, por grupos que utilizam coreografias de forte apelo sexual. Essas coreografias usam gestos fáceis de serem imitados, que, associados à letra, constroem um discurso de duplo sentido, cuja ambiguidade de expressões o leva a ser confundido com uma brincadeira infantil. As melodias das músicas são planas, mais semelhantes à fala que ao canto, com frases curtas e estruturas que se repetem muitas vezes no decorrer da canção, e o ritmo – principalmente no funk, e em outras músicas de estilo semelhante também conhecido como pancadão – apresenta batidas regulares e bem marcadas em compassos de dois ou quatro tempos. As letras enfatizam o chulo e o grotesco e utilizam expressões padronizadas e gírias características da linguagem das populações urbanas pouco letradas.

Pela "ambígua ironia" essas músicas atingem adultos e crianças, porque as mesmas palavras e os mesmos gestos adquirem significados diferentes na recepção de cada uma dessas fases. A estrutura e a estética das canções satisfazem as crianças pela semelhança com o universo infantil e as expressões de caráter ambíguo permitem aos adultos e jovens satisfazerem-se com o sentido pejorativo ou sádico que a elas atribuem.

O poder de agradar adultos, jovens e crianças potencializa a adesão a esses produtos musicais. A esse respeito entendemos que a indústria cultural enquanto agente educador tem explorado de maneira ótima sua ação pedagógica, e segundo Almeida (2004, p.14) sua eficácia ultrapassa a da escola:

É evidente que no polo da produção há uma vontade de direção mercadológica, a exploração de impulsos e necessidades de grupos maiores ou menores de consumidores. Para grupos grandes, massas de consumidores, a produção é mais simples, estereotipada, sem dificuldades intelectuais que não possam ser solucionadas, sem questionamentos morais conflituados que não possam ser dicotomizados; enfim, a cultura para as massas, segundo os produtores, é uma produção que segue objetivos bem definidos, fins a serem alcançados e hábitos intelectuais a serem conservados. E nisso ela se parece muito com a escola. A cultura de massas e a escola de massa compartilham a segmentação, a simplificação do conhecimento, o oficialismo do poder econômico estatal. Só não compartilham a competitividade e o profissionalismo.

As construções simbólicas que correspondem à ambígua ironia repercutem diretamente no mundo perceptivo das crianças (Benjamin, 1986). Não ignoramos que este seja formado também pelas representações dos adultos sobre o universo infantil: os adultos constroem brinquedos cujos modelos obedecem a seu olhar adulto, porém infantilizado – de forma semelhante ao conto de Pinóquio, em que Gepeto, o carpinteiro idoso, constrói o boneco de madeira. As crianças, por sua vez, recebem esses brinquedos segundo sua percepção:

> O mundo perceptivo da criança está marcado pelos traços da geração anterior e se confronta com eles; o mesmo ocorre com suas brincadeiras. É impossível situá-las num mundo de fantasia, na terra feérica da infância pura ou da arte pura. Mesmo quando não imita os utensílios dos adultos, o brinquedo é uma confrontação – não tanto da criança com o adulto, como deste com a criança. Não são os adultos que dão em primeiro lugar o brinquedo às crianças? E, mesmo que a criança conserve uma certa liberdade de aceitar ou rejeitar, muitos dos mais antigos brinquedos (bolas, arcos, rodas de pena, papagaios) de certo modo terão sido impostos à criança como objeto de culto, que somente graças à sua imaginação se transformaram

em brinquedos. É, portanto, um grande equívoco supor que as próprias necessidades infantis criam os brinquedos. É uma tolice a tentativa contida em obra recente, no conjunto meritória, de explicar o chocalho de recém-nascido com a afirmação de que "via de regra a audição é o primeiro sentido a ser exercitado". Pois, desde os tempos mais remotos o chocalho é um instrumento para afastar os maus espíritos, que deve ser dado justamente aos recém-nascidos. (Benjamin, 1986, p.250)

Consideramos, assim, que o uso da ambígua ironia no que parecem ser brincadeiras infantis nas canções de axé e de funk exerce influência direta na forma como as crianças aprendem e apreendem o mundo.

Observamos também um ciclo de valoração e aprovação entre jovens/adultos e crianças que contribui para a aceitação dos estilos musicais aqui tratados. A mídia é reconhecida pelas crianças como instituição social, com poder avaliador e validador. As crianças percebem-se contempladas na sua linguagem por essa instituição que lhes oferece produtos de fácil aprendizagem e semelhantes ao universo delas. Reproduzir esses produtos representa um certo poder e lhes possibilita, de alguma forma, serem iguais àquilo que percebem como valorizado e validado. Entendemos que, com prejuízos incalculáveis para a formação desses sujeitos, aí estão presentes os processos de heteronomia e de reconciliação forçada. Segundo Silva Batista (2002, p.17):

A substituição da consciência pelo conformismo é a expressão imediata da transformação dos homens em massa, dos sujeitos sociais em objetos, da preponderância das forças heterônomas sobre as autônomas. [...] impõe-lhes uma única saída – uma nova configuração: sua objetivação a partir de uma totalidade social (*"reconciliação forçada"*).

Os estilos musicais citados exploram acentuadamente os signos imagéticos pelas roupas, gestos e coreografias e, assim, aprisionam a música à imagem. Este aprisionamento denunciado por Adorno e Horkheimer (1988) era realizado inicialmente pelo cinema, mas nos estilos musicais em questão conta com elementos estéticos bastante incorporados à canção, que, de certa forma, se tornam parte dela. Esta incorporação se deve ao fato de que, contemporaneamente, imagem e som estão cada vez mais associados, tanto nas apresentações de TV como em gravações para DVD – que progressivamente vêm substituindo os CDs –, as quais, a partir da tecnologia dos aparelhos de MP4, podem ser vistas e ouvidas também nos equipamentos de bolso. Essas imagens aprisionam a dimensão musical – ainda que esta seja diminuta em decorrência da limitação própria do estilo musical – e transmitem mensagens que as crianças assimilam. Bertoni (2001, p.78) afirma que:

> As implicações da chamada "música de mercado" influenciam, tanto no aspecto cultural como no social, a formação de crianças. De maneira especial, seduzem-nas pela sensualidade das danças e das letras musicais, acarretando um desenvolvimento precoce de aspectos da sexualidade que atropelam, de alguma forma, seu desenvolvimento afetivo. Isso sem falar em outros aspectos, pois o vocabulário pobre e equivocado de muitas músicas acaba por interferir, também, em seu processo de desenvolvimento cognitivo.

As manifestações de aprovação dos adultos que gostam dessas canções são, para as crianças, tão importantes quanto o constrangimento dos que não as aceitam, mas que ficam tolhidos na sua posição resistente, sem força suficiente para enfrentar o poder da mídia, que aprova e divulga os produtos musicais. Esses adultos, ainda que em diferentes níveis de consciência, também percebem a mídia como instituição social, como poder avaliador e validador e sentem que a "resistência é encarada como um sinal de má cidadania [...]" (Adorno, 1986, p.142).

É recorrente à música, assim como à arte, de modo geral causar constrangimento e até mesmo escândalo, pela abordagem de temas tratados como tabus pela sociedade. Nesse sentido, as representações do erótico na arte e nos produtos da indústria cultural se apresentam com uma diferença bastante significativa. Para efeitos de ilustração, podemos pensar que a diferença na abordagem estética que se dá às representações do erótico seria aquela encontrada entre um balé que utilize bailarinos nus e uma dançarina de funk com minissaia e biquíni. Adorno e Horkheimer (1988, p.131) fazem uma afirmação pertinente à nossa análise:

> A indústria cultural não sublima, mas reprime. Expondo repetidamente o objeto do desejo, o busto no suéter e o torso nu do herói esportivo, ela apenas excita o prazer preliminar não sublimado que o hábito da renúncia há muito mutilou e reduziu ao masoquismo. Não há nenhuma situação erótica que não junte à alusão e à excitação a indicação precisa de que jamais se deve chegar a esse ponto. [...] As obras de arte são ascéticas e sem pudor; a indústria cultural é pornográfica e puritana.

Sem a intenção de moralismo, mas apenas admitindo o constrangimento de pessoas ante o linguajar chulo, o duplo sentido e o erótico exibicionista, vemos que a sociedade vai aos poucos assimilando tais comportamentos, não por uma modificação consciente de seus valores, mas porque:

> A indústria cultural avança aos poucos, mas atinge patamares mais altos passo a passo. Coisas que a maioria não aceitaria num período – digamos numa década – a década seguinte acolhe sem estranheza. O escandalosamente baixo de ontem, o lixo de anteontem, torna-se o normal de hoje. O que ocorria envergonhadamente invade os salões com jeito vanguardista. (Ramos-de-Oliveira, 2002, p.137-8)

Entendemos, por isso, que nenhum avanço moral é oferecido pela presença do erótico nos produtos da indústria cultural, se ela apenas alimenta a mentalidade puritana para que o chulo e o pornográfico continuem a fazer sentido e promovam seus produtos.

Em relação aos jovens e adultos, identificamos que as letras com expressões semelhantes às expressões infantis são usadas em festas e em momentos de descontração, caracterizando-se como: "representação de divertimento que é buscada para relaxar o esforço", e acentuam o caráter de divertimento no uso do tempo livre. Tal caráter compromete a capacidade de fruição em atividades de lazer que poderiam ser praticadas no tempo livre e corresponde a uma necessidade do entretenimento como diversão, como não produção, por causa do sistema produtivo a que os indivíduos estão submetidos. Adorno (1986, p.136) afirma que: "Uma experiência plenamente concentrada e consciente de arte só é possível para aqueles cujas vidas não colocam um tal *stress*, não impõem tanta solicitação, a ponto de, em seu tempo livre, eles só quererem alívio simultaneamente do *stress* e do esforço".

Sobre a "ambígua ironia" associada ao sentido "pejorativo ou sádico atribuídos às expressões infantis", encontramos uma interessante ocorrência com a canção funk *Tapinha*, cuja letra reproduzimos:

> Vai glamurosa / Cruze os braços no ombrinho / Lança ele pra frente / E desce bem devagarinho / Dá uma quebradinha / E sobe devagar / Se te bota maluquinha / Um tapinha eu vou te dar porque: / Dói, um tapinha não dói / Um tapinha não dói / Um tapinha não dói / Só um tapinha. (MC Naldinho, 2000)

Em fevereiro de 2008 a gravadora da canção, Furacão 2000 Produções Artísticas, foi condenada a pagar multa de R$ 500 mil. O processo de autoria do Ministério Público e da Organização Não Governamental Themis – Assessoria Jurídica e Estudos de Gênero alegou dano difuso e apologia à violência contra a mulher, em virtude da letra da canção, que diz "um tapinha não dói". Diante da mídia e da Justiça, o autor da canção respondia:

> Eu fiz a música para minha filha, Carolaine, por um simples desvio que ela teve. Uma vez, dei um tapa na bunda dela, que me

disse: "Pai, um tapinha não dói". Aí, pensei em fazer a música. Fiz, e ela aconteceu. Foi gravada por vários artistas, virou um *hit* e até hoje toca. Eu tenho orgulho de ser autor e intérprete de uma das músicas mais executadas entre 2000 e 2005. Ela foi gravada pelos grupos É o Tchan e As Meninas; e saiu no DVD do Caetano Veloso. Se fosse como a Justiça está falando, a Xuxa, que trabalha com o público infantil, não gravaria. (MC Naldinho, 2008)

Entendemos que a ambiguidade da frase "um tapinha não dói" repercutiu de forma a subsidiar parte do sucesso da música e a causar a indignação de grupos e entidades preocupados com o reforço à cultura machista e à legitimação da violência contra mulher.

Conforme as características do autor que fundamenta nossa análise, além da ambígua ironia, também encontramos em outras canções: repetição de alguma fórmula musical particular, limitação de muitas melodias e coloridos musicais superadocicados. Embora o texto que conceitua a "fala de criança" não se refira à pseudogratificação imediata pelo sentido erótico não sublimado, também identificamos esta representação nas letras das canções que examinamos. Em Marcuse (1973, p.81) temos uma referência sobre erotismo e não sublimação que julgamos oportuno colocar em paralelo ao puritanismo e à pornografia dos produtos culturais:

> Além disso, a linguagem obscena padronizada é dessublimação repressiva: satisfação fácil (embora indireta da agressividade). Volta-se facilmente contra a própria sexualidade. A verbalização da esfera genital e anal, que se tornou um ritual na fala da esquerda-radical (o uso "obrigatório" de *"fuck"* e *"shit"*), é uma degradação da sexualidade. Se um radical diz *"Fuck Nixon"* (Nixon que se f...), ele associa a palavra para a máxima gratificação genital com o representante máximo das instituições opressoras e *"shit"* para os produtos do Inimigo sucede à rejeição burguesa do erotismo anal. Nesta (totalmente inconsciente) degradação da sexualidade, o radical parece punir-se a si próprio pela sua falta de poder; a sua linguagem está perdendo o impacto político.

Vejamos algumas das canções que analisamos:

> Entrei numa loja, estava em liquidação / Queima de estoque, fogão na promoção / Escolhi da marca dako porque dako éh bom! / Dako éh bom! Dako éh bom! / Calma minha gente, é só a marca do fogão!! / Calma minha gente, é só a marca do fogão!! / Dako éh bom! (Quebra-Barraco, *Dako é bom*, 2004).

> Me chama pra sair / Olha que decepção / Me leva pro cinema / Pra assisti o Pokémon / Se liga no papo reto / Que eu vo manda pra tu / Eu quero é i [sic] pro motel / Pra brinca com o Pikachu / Vamos nessa Pikachu / Tira bota, bota tira / Vem dança e vai e vem / Vai de frente, vai por traz [sic] / De ladinho dá também / Entra seco, sai molhado / É quentinho e apertado / Eu quero é i [sic] pro motel / Pra brinca com o Pikachu / Vamos nessa Pikachu. (Quebra-Barraco, *Pikachu*, 2005)

> Pau que nasce torto / Nunca se endireita / Menina que requebra / A mãe pega na cabeça / Pau que nasce torto / nunca se endireita / Menina que requebra / A mãe pega na cabeça / Domingo ela não vai / Vai, vai / Domingo ela não vai não / Vai, vai, vai / Segure o tchan / Amarre o tchan / Segure o tchan, tchan, tchan, tchan, tchan / Tudo que é perfeito a gente pega pelo braço / Joga ela no meio / Mete em cima / Mete em baixo / Depois de nove meses / Você vê o resultado / Depois de nove meses / Você vê o resultado. (Lima, *É o tchan*, 1995)

A banalização da linguagem obscena nas canções de funk e de axé não se associa de imediato a nenhum discurso político, ainda que, nos termos de Marcuse, com perda do impacto. Contudo, indiretamente, é possível que no funk, enquanto música urbana carregada de protestos e de narrativas do cotidiano das populações urbanas e pobres, o uso das expressões obscenas e da ambígua ironia, tivesse – sobretudo na fase de surgimento desse estilo musical – o caráter político que o autor indica. Para esta analogia, consideramos que, dentro da padronização musical realizada pela indústria cultural, existe também a apropriação de músicas que inicialmente estão ligadas a movimentos e contextos sociais específicos, e a posterior descaracterização delas enquanto tais, à medida que seu estilo musical se transforma em mercadoria.

Quanto ao aprisionamento da música à imagem que identificamos nesses estilos, pensamos ser relevante situar a difusão das músicas de axé e de funk no cenário que nossa sociedade delineia para a comunicação de massa enquanto braço da indústria cultural. Almeida (2004, p.27) considera que a nova linguagem oral na sociedade contemporânea de massas se caracteriza pelo avanço da oralidade vinculada à imagem, induzindo à objetificação e ao imediatismo do pensamento, em prejuízo das operações mentais mais complexas e reflexivas, que seriam, por sua vez, possibilitadas por um letramento mais amplo, necessário ao saber literário e histórico enquanto forma de conhecimento e de arte.

A imagem/som projetada, por mais fantasiosa que seja, é sempre real; está sendo vista/ouvida como no mundo real. A sua relação com a imaginação é direta e global, quase sem mediações, semelhante à situação da fala (oral). É muito diferente da imaginação reflexiva, mediada pela palavra escrita e pela sintaxe de um texto literário. É essa homologia com a fala (oral) e com a realidade visível/audível que dá ao cinema e à TV sua força e domínio sobre as populações orais atuais. São os instrumentos e o meio dominantes da educação cultural massiva.

O domínio da alfabetização está associado aos modos de recepção, fruição apreciação, registro e construção de bens simbólicos, e ao domínio da cultura de forma geral. Sobre a diferença social caracterizada pelos diferentes graus de alfabetização, Garcia Canclini (1997, p.143) aponta que:

> Mesmo nos países que incorporaram, desde a primeira metade do século XX, amplos setores à educação formal, como os que

citamos, o predomínio da escrita implica um modo mais intelectualizado de circulação e apropriação dos bens culturais, alheio às classes subalternas, habituadas à elaboração e comunicação visual de suas experiências. É fácil compreender o que isso significa em um continente onde até hoje 53% das crianças mal chegam ao quarto ano da escola primária, mínimo necessário para conseguir uma alfabetização duradoura. Ser culto implica reprimir a dimensão visual em nossa relação perceptiva com o mundo e inscrever sua elaboração simbólica em um registro escrito. Temos na América Latina mais história da literatura que das artes visuais e musicais; e, é claro, mais sobre literatura das elites que sobre manifestações equivalentes das camadas populares.

A caracterização da "fala de criança" ajusta-se ao fenômeno por nós observado no espaço escolar, e que, no âmbito deste estudo, evidencia o que pode ser um dos fatores para a adesão maciça à música funk, ao axé e possivelmente a outros estilos.

Dessa forma, pensamos ter respondido às nossas inquietações sobre as manifestações musicais dos nossos alunos, no tocante à assimilação e reprodução dos produtos da indústria cultural, nesse caso, especificamente, em relação ao axé e ao funk. Entendemos que a precariedade do processo educacional, o letramento restrito, a opressão do sistema de produção e a intensidade com que os produtos culturais se veiculam nos meio de comunicação de massa têm beneficiado o crescimento da indústria cultural de forma geral, e de forma particular, no tocante à nossa análise, a exploração da "fala de criança" como mecanismo para a semiformação musical.

O loteamento do espaço sonoro no espaço escolar, nos termos observados, pode inclusive extrapolar o emprego da tecnologia, e se manifestar no canto e na voz dos sujeitos, num caráter de introjeção, se eles estiverem submetidos aos processos de heteronomia e de reconciliação forçada. Nesse sentido, a semiformação, aqui associada ao conteúdo das canções de axé e funk, representa uma agressão para o sujeito, e a massificação, uma regressão para cultura.

Triângulo *versus* teclado eletrônico: a dimensão humana e concreta na percepção estética *versus* padronização e simulacro

> Em outras palavras, refiro-me à questão muito específica, dirigida aos produtos do espírito, relativa ao modo como momentos da estrutura social, posições, ideologias e seja lá o que for, conseguem se impor nas próprias obras de arte. A extraordinária dificuldade do problema foi sublinhada sem subterfúgio por mim e, com isso, também a dificuldade de uma sociologia da música que não se satisfaça com rótulos externos; algo que não se limite a perguntar como a arte se situa na sociedade, como nela atua, mas que queira reconhecer como a sociedade se objetiva nas obras de arte. (Adorno, 1986, p.114)

(Dedicado ao casal de percussionistas Ana Claudia e Haroldo, de Araraquara – cuja presença rítmica no palco diz, sem palavras, tudo o que me empenho em aqui dizer.)

A padronização que a indústria cultural realiza caminha no sentido contrário aos processos artísticos. Se a arte apresenta o cotidiano transcendido e concretizado de maneira fantástica, os produtos padronizados apresentam a arte reduzida, a fantasia desencantada, o espírito do mítico desmistificado na técnica. A pior forma de arte – e que não é arte – é o simulacro, não do mundo, mas da própria arte, que a indústria cultural oferece ao substituir o artístico pela técnica e o homem pela máquina. E o que faz, senão isso, um teclado eletrônico, ao oferecer para uma melodia um acompanhamento automaticamente programado?

Para melhor compreender como funciona a reprodução dos timbres e arranjos em teclado eletrônico, trazemos a descrição do músico Ziskind (1999, p.259), sobre as formas possíveis de se utilizar a eletrônica e a computação na produção dos timbres:

1. Um *sampler* é um instrumento que grava sons. Quaisquer sons. Um ruído, uma nota, uma palavra. E do mesmo modo que uma vitrola pode tocar um disco em 33 ou 78 rotações, o *sampler* pode "ler" em várias velocidades o som gravado dentro dele. Cada nota do teclado corresponde a uma velocidade de leitura. Cada nota do teclado pode acionar um timbre ou um som diferente.
2. Um *sampler* permite fazer *loops*: repetir indefinidamente um som ou parte dele.
3. Um sequenciador é um tipo de programa de computador por meio do qual podemos gravar e transmitir instruções como esta: "toque tal nota em tal instante com tal intensidade e duração" (partituras inteiras são injetadas nele). O computador envia essas instruções para um sintetizador ou um *sampler*, que as executa com o som (o timbre) que estiver programado.
4. Uma mesma instrução pode ser parcial ou integralmente alterada. Você pode ter um timbre "de piano" executando uma sonata, e apenas [as notas] graves soando como um contrabaixo. As mesmas notas podem ser executadas com outros timbres: de vozes corais, de flautas, de cordas etc.

Consideramos o uso dos timbres sintéticos na imitação de instrumentos acústicos um engodo, cujos efeitos não temos como provar serem ruins, senão pelo fato do engodo em si. Contudo, o conceito benjaminiano de autenticidade contribui para refletirmos sobre a diferença entre o significado do timbre em instrumentos acústicos e o empobrecimento desse significado, pela imitação realizada com os timbres sintéticos:

> A autenticidade de uma coisa é a quintessência de tudo o que foi transmitido pela tradição, a partir de sua origem, desde sua duração material até o seu testemunho histórico. Como este depende da materialidade da obra, quando ela se esquiva do homem através da reprodução, também o testemunho se perde. Sem dúvida, só esse testemunho desaparece, mas o que desaparece com ele é a autoridade da coisa, seu peso tradicional. O conceito de aura

permite resumir essas características: o que se atrofia na era da reprodutibilidade técnica da obra de arte é sua aura. Esse processo é sintomático, e sua significação vai muito além da esfera da arte. (Benjamin, 1986, p.168)

Sabemos haver uma diferença objetiva entre a série harmônica[2] produzida pelos sons acústicos e a produzida pelos sons de timbres sintéticos que imitam os sons acústicos, mas se não tivéssemos esse dado concreto não poderíamos apontar esse fato apenas pelo seu efeito abstrato na recepção. Em nossa primeira fase de observação no campo, notamos que os professores, inclusive os de Educação Musical, utilizam indistintamente CDs cujas músicas são acompanhadas de instrumentos acústicos ou de sons sintetizados. Nesse sentido, questionamos se a educação não estará falhando ao não ensinar a ler/ ouvir/ver e, sobretudo, a distinguir o sintético do acústico e o real do simulacro virtual.[3] Uma Educação Musical para esse fim equivaleria a uma alfabetização ampla, entendida por nós como necessária para a compreensão do mundo contemporâneo, porquanto o simulacro que parece óbvio à percepção dos sentidos de uma geração fica cada vez menos óbvio à percepção dos sentidos da geração seguinte. Se isso ocorre em relação aos sons, não será possível que, em algum tempo, venha a ocorrer também em relação às pessoas, e que as futuras gerações venham a confundir pessoas reais e personagens virtuais, ou, quem sabe, numa projeção ousada, pessoas reais e robôs? Enfim, poderia o modo como têm sido realizadas as reproduções musicais

---

2 A série harmônica é composta por uma sequência de notas secundárias geradas a partir da nota inicial. Esta série obedece a condições materiais, tratadas pelo campo da física, e pode ser medida por instrumentos específicos. A série harmônica é responsável pela caracterização do timbre, e este, por sua vez, nos permite – por associação – identificar qual material produziu determinado som.

3 É oportuno que se faça uma distinção entre mundo virtual e mundo real. O virtual, enquanto meio, é tão real quanto qualquer outro recurso de comunicação e de registro de informação. Contudo, ele tem possibilitado a criação e difusão de personagens, imagens e informações que, desde o princípio, não encontram um correspondente fora do mundo virtual. A essas criações é que chamamos de simulacro.

pelos equipamentos eletrônicos, em alguma medida, modificar aquilo que entendemos como sensibilidade e valores estéticos?

A existência de teclados eletrônicos, de marcas e modelos variados, todos eles oferecendo acompanhamentos pré-estruturados, é a prova da consolidação da padronização da audição – ou da regressão da audição em massa – instituída como forma de apreciação musical. Embora, ao conceituar a regressão da audição, Adorno (1999, p.65-108) não tenha se referido aos timbres, consideramos que a redução das variações destes nos sons sintetizados termina por oferecer um número reduzido de padrões que formarão o repertório timbrístico no qual o ouvinte aprende a conhecer e identificar os sons musicais.

Façamos algumas comparações entre um teclado eletrônico e um triângulo, para ilustrar o que estamos dizendo. Um triângulo tocado por uma pessoa é apenas um triângulo, mas o fato de ser tocado por uma pessoa possibilita uma infinidade de pequenas variações de dinâmica e de timbres que não pode ser oferecida por uma reprodução eletrônica, ainda que em *sampler*. Nesse sentido, inserir em uma música o acompanhamento de um triângulo por reprodução eletrônica é uma "não arte", uma vez que isso se tornou concretamente possível justamente por suprimir a superação da dimensão concreta homem/triângulo. O triângulo, instrumento concreto e solicitante da dimensão concreta humana (corpo), desaparece, e passa a ser simulado por um meio eletrônico. Esta realização é também reducionista, porque o triângulo só pode oferecer as variações supracitadas mediante a ação humana direta.

No caso da reprodução eletrônica, o som deixa de ser veículo de manifestação da transcendência e surge modificado, reduzido, aprisionado pela máquina/tecnologia, que reduz igualmente o homem, na sua possibilidade de interagir de formas variadas e sutis com o triângulo, na concretude de ambos. Essa interação, ainda que necessite de conhecimentos técnicos, tem um caráter completamente diferente do conhecimento técnico necessário para operar equipamentos de funcionamento pré-programado. Entendemos que esse segundo caráter corresponde à execução musical simplista e tecnicista em teclados eletrônicos, assim como a muitos outros usos de técnica/tecnologia que reduzem a ação humana no modo – ou, na intenção e imitação – de fazer arte.

Nesse processo o homem tem seu corpo negado, invalidado, reduzindo a dinâmica corporal de instrumentista a uma execução técnica de apertar botões. O engodo não termina neste simulacro, mas também surge oferecendo como ganho o que na verdade é perda, no discurso do aumento de possibilidades. Viabilizado pela tecnologia – lembrando que ela tem se apresentado como aliada da indústria cultural, mais por seu uso social do que pela sua natureza –, o uso de um teclado eletrônico possibilita que uma pessoa, sozinha, execute vários instrumentos, seja um a cada vez, gravando e sobrepondo um som ao outro sucessivamente, seja utilizando a pré-programação dos acompanhamentos instrumentais.

Ao contrário disso, o gesto do artista – concretizado entre ele e seu instrumento – se realiza em uma dimensão mística da estética: mística porque a estética concebe muitas espécies e formas de existir, precisamente por possuir mais espécies e formas de perceber, mas estas formas e espécies não pertencem (ainda?) à categoria de conhecimento científico.

A substituição do triângulo acústico pelo som sintético é oferecida junto com a promessa da semionipotência: mostra que, em vez de o músico tocar um triângulo concreto, poderá executar toda uma orquestra virtual. Desvaloriza-se o processo artístico envolvido em se tocar um instrumento apenas, em interagir, estudá-lo e tocá-lo dentro de uma música. Assim, executar uma orquestra eletrônica é simulacro da arte, é aumento da produção sonora em detrimento de menor atuação humana, o que parece seguir a lógica da dominação pela substituição na qual "o mais poderoso é aquele que pode se fazer substituir na maioria das funções" (Adorno; Horkheimer, 1988).

Quando dizemos que há mensagens implícitas no elemento estético[4] é no discurso desses elementos que temos referências mais objetivas dessas mensagens. No caso do teclado em contraposição ao

---

4 Ver início do Capítulo 3, "Padronização, repetição e reconhecimento".

triângulo, a mensagem da lógica capitalista é transmitida de duas maneiras: na substituição de pessoas por tecnologia – semelhantemente à produção fabril – e no valor da posse. Uma vez que não se dominam os códigos musicais necessários e não se participa do processo de orquestração que o teclado eletrônico realiza, o executante da música não é exatamente quem toca, mas o que possui o teclado e o opera. Já o músico que toca de fato o triângulo é aquele que sabe tocar o instrumento cujo valor comercial é muito inferior ao do teclado. Ser e ter são condições de significados bem diferentes, sendo que dentro da lógica capitalista ter e operar um teclado é melhor que ter e saber tocar um triângulo:

> Pois a máquina só é um fim em si mesmo sob determinadas condições sociais: onde os homens são apêndices das máquinas em que eles trabalham. A adaptação à música de máquina implica necessariamente uma renúncia aos seus próprios sentimentos humanos, e, ao mesmo tempo, um fetichismo da máquina tal que seu caráter instrumental se torna obscurecido. (Adorno, 1986, p.140)

Não estamos abordando a relação de proporção entre quantidade de som e atuação humana, indicando que mais arte implique menos som. Se assim fosse, oportunizaríamos o argumento de que preferimos Debussy a Wagner, e sendo assim poderíamos terminar por classificar como arte somente o estilo minimalista. Entretanto o que apontamos como parâmetro para arte é a possibilidade da ação humana sobre o concreto a fim de transcendê-lo na sua aparente impossibilidade de transcendência. A obra wagneriana assume grandeza artística não só nos elementos concretos e no resultado sonoro, antes, permite que na mesma proporção desses elementos resultantes se dê a ação humana/artística. Entendemos que dar a perceber essa ação é uma característica que a arte adquire na recepção da intensidade artística da obra.

Tomando como ponto de partida que criador e receptor podem fruir por partilharem o universo concreto que lhes fala aos sentidos, apontamos que a tecnologia afasta desse universo não só o músico executante, mas também o receptor: reduz este a uma função passiva, numa condição mais próxima do consumo musical que da fruição, por não permitir que ele perceba a interação concreta corpo/movimento do músico sobre o instrumento.

Outra mensagem com caráter formador de valores, disseminada pela música que utiliza timbres sintéticos em lugar de instrumentos acústicos, é a ideia da necessidade da tecnologia para a prática musical. Em vez de instrumentos acústicos – no caso um simples triângulo ou outros instrumentos –, necessita-se de um teclado que é um produto tecnológico, mais caro e mais distante da maioria das pessoas, maioria esta que fica cada vez mais restrita à condição de consumidor e não de fazedor de música. Esse sentido de consumo e de mercadoria é apontado como caracterizador dos produtos culturais destinados às massas:

> As artes para as massas são sempre as da distância produtor-consumidor, entre os quais há uma infinidade de aparelhos eletrônicos e muitos trabalhadores técnicos, todos ligados por linhas e ondas de transmissão, fato este que potencializa a ideia antiga da cultura moderna e do conhecimento como algo que se transmite e se distribui. (Almeida, 2004, p.15-6)

Neste momento alguém poderia concluir que nossa concepção de arte é purista e refratária ao uso da tecnologia. Não é este o caso. Entendemos a tecnologia como um resultado da arte também, no caso uma arte pertencente ao mundo digital. A esse respeito julgamos adequado fazer algumas distinções.

A arte envolve um processo e entendemos o artista como aquele que conhece e participa de todo o processo. Essa é uma das diferenças essenciais entre arte e produção industrial. Contudo, o conhecer artístico é diferente do conhecer industrial, em relação ao sujeito conhecedor saber descrever o processo. Isso porque o fazer artístico não é teórico, e a lógica da estética prescinde de ser descrita em palavras. Arte se faz fazendo arte e nem sempre o artista que domina o processo sabe descrever o processo que domina.

Usando ainda o exemplo do nosso tocador de triângulo, pensamos em outras possibilidades de fruição oferecidas pelas apresentações musicais ao vivo e *in loco*. Nelas, o ouvinte não toma apenas a música como evento único, mas dela fazem parte eventos menores, formando um ritual em que pessoas se reúnem para ouvir pessoas. Gosta-se não apenas – e nem necessariamente – da música executada, mas de se estar lá. Alguém tossir ou fazer barulho representa uma interferência em medida diferente da que ocorreria no caso de uma reprodução por gravação. A medida dessa diferença é a participação do público. A presença do público representa também para os músicos uma situação diferenciada. Há um pacto tácito entre público e músicos no desejo do êxito, na busca pelo silêncio, pelo bom desempenho dos músicos nas partes que exigem maior habilidade e pelo sucesso de todo o ritual.[5] Todo o processo de execução musical dá-se a perceber, na tensão de se estar fazendo música ao vivo, não esquecendo também as expressões faciais e corporais dos músicos.

Sobre o caráter da apresentação ao vivo como parte integrante e humana do fazer musical, Medaglia (1988, p.130) faz referência ao aumento das gravações de músicas com timbres eletrônicos em estúdio, na segunda metade do século XX, em detrimento das apresentações ao vivo:

> E essa fábrica de "conservas sonoras" não deixa de ter um certo aspecto até desumano, segundo o testemunho que me foi prestado por instrumentistas de rádios europeias, que passam suas vidas trancafiados em "aquários", tocando e parando de tocar ao acender de uma luz vermelha, um tipo de música que foi concebida para outro gênero de espetáculo onde a envolvência artista/público e o decorrente "calor humano" dele faz parte vital.

---

5 Naturalmente, estamos falando de apresentação em forma de audição ou concerto, independentemente de o gênero musical ser popular ou erudito. A interação entre público e artista ocorre de maneira muito diferente nos grandes shows, tendo em vista o caráter massificante, fetichista e a mediação tecnológica, que permite um grande volume de som por parte do músico e também por parte do público.

Façamos, neste momento, uma distinção da medida em que difere a participação no processo musical entre um tocador de triângulo e um executante de uma orquestra virtual. O processo artístico que tem como material a tecnologia acontece na área das ciências da computação. Nesse processo, a tecnologia, ou seja, o material do mundo digital pode fornecer uma nova dimensão e um novo material para a arte. Mas isso, apenas, em se tratando de uma nova forma de arte, e não do simulacro de uma forma de arte já existente, ou de sua imitação pelas vias da tecnologia. Sendo assim, consideramos que operar os aparelhos resultantes da tecnologia – no caso o teclado eletrônico – sem participação no processo, e, nesse caso, recebendo prontos os timbres sintéticos que imitam instrumentos acústicos, não passa de simulacro da arte, ou até mesmo seja o dela oposto.

Tanto o que consideramos como arte ou "não arte" se faz representar pelos mesmos códigos estéticos. A música desumanizada/ maquinizada transmite sua mensagem estética pelo mesmo código que a música enquanto arte na sua manifestação mais transcendente.

> As normas que governam a ordem estética *não* são "conceitos intelectuais". Sem dúvida, não existe qualquer obra autêntica sem o máximo esforço intelectual e completa disciplina intelectual na formação do material. Não existe uma arte "automática" nem a arte "imita": ela compreende o mundo. O imediatismo sensual que a arte alcança *pressupõe* uma síntese de experiências de acordo com os princípios universais, os quais são os únicos que podem emprestar à obra mais do que um significado particular. É a síntese de dois níveis antagônicos de realidade: a ordem estabelecida das coisas e a libertação possível ou impossível dessa ordem – em ambos os níveis, intenção do histórico e do universal. Na própria síntese, conjugam-se a sensibilidade, a imaginação e a compreensão. (Marcuse, 1973, p.96)

Entendemos que os dados mais cabais e concretos que o cotidiano oferece, no que concerne à realidade material que se deseja transcender, são a morte, a dor e a dor da morte. Transcender o cotidiano através da arte é libertar o homem. Não nos referimos à sublimação – tão essencial à arte. Estamos pensando na possibilidade de uma ação positiva de transformação na dimensão concreta, que se aproxime, ainda que por representação, da superação da morte e da dor. Essa representação se utiliza dos códigos da estética, que articula a sensibilidade do mundo concreto, a imaginação transcendente e a compreensão da realidade dada e da realidade desejada, processos estes que só o homem é capaz de apreender.

Música no tempo livre: das diferenças entre lazer e entretenimento e da fruição ao consumo de sensações padronizadas

Descansar não descansa.
O que descansa é não cansar.

(Távola, 1996, p.131)

Devaneio musical: Lazer em Copacabana ou no Rancho da Goiabada

Depois de trabalhar toda a semana
Meu sábado não vou desperdiçar
Já fiz o meu programa pra esta noite
E sei por onde começar
Um bom lugar para encontrar: Copacabana
Pra passear à beira-mar: Copacabana
Depois num bar à meia-luz: Copacabana
Eu esperei por essa noite uma semana
Um bom jantar depois dançar: Copacabana
Um só lugar para se amar: Copacabana
A noite passa tão depressa, mas vou voltar lá,
pra semana
Se encontrar um novo amor: Copacabana

(Caymmi; Guinle, *Sábado em Copacabana*, 2002)

> *Os boias-frias quando tomam*
> *Umas "birita" espantando a tristeza*
> *Sonham com um bife a cavalo, batata frita*
> *E a sobremesa é goiabada cascão com muito queijo*
> *Depois café, cigarro e um beijo de uma mulata*
> *Chamada Leonor ou Dagmar*
> *Amar, o rádio de pilha, o fogão jacaré*
> *A marmita, o domingo, no bar*
> *Onde tantos iguais se reúnem contando mentiras*
> *Pra poder suportar ai*
> *São pais de santo, paus de araras, são passistas*
> *São flagelados, são pingentes, balconistas*
> *Palhaços, marcianos, canibais, lírios, pirados*
> *Dançando, dormindo de olhos abertos*
> *Na sombra da alegoria dos faraós embalsamados*
>
> (Bosco; Blanc, O rancho da goiabada, 2002)

Fim do devaneio musical

Em 1978, no vestibular da Universidade Cândido Mendes (RJ), quando solicitados a fazer uma redação sobre o lazer, cerca de 80% dos candidatos falaram sobre as qualidades da tecnologia a laser (Reis, 2008). O fato, na época noticiado pelo *Jornal Nacional*, nos veio à mente enquanto refletíamos sobre as diferenças entre lazer e entretenimento no uso do tempo livre, em relação à arte e aos produtos da indústria cultural.

Não faltam estudos a respeito da importância do lazer como atividade humana e não pretendemos aqui estudar o lazer em si, antes, as interposições que ele sofre, de forma geral, enquanto possível atividade de tempo livre e, de forma específica, em relação às práticas musicais.

Para Adorno (1986), uma das características da arte é sua não utilidade dentro do sistema social, de forma que apenas a função diletante pode se associar à arte autônoma possibilitadora do prazer artístico. Já o entretenimento, ou a distração, tem a função social de proporcionar o descanso necessário às massas, para que retornem à jornada de trabalho e sustentem os modos de produção. Portanto, o entretenimento provoca nas massas semiformadas uma reação pré-programada pelos produtos destinados à distração – no âmbito deste estudo, os produtos musicais. Segundo Adorno (1986, p.136-7), o entretenimento corresponde à distração e à não produção, lógica essa que se baseia no modo de produção:

> A distração está ligada ao atual modo de produção [...] tem o seu correlato no "não produtivo" no entretenimento [...] que não envolva nenhum esforço de concentração. [...] Ela induz ao relaxamento porque é padronizada e pré-digerida. [...] O tempo de lazer desses usuários serve apenas para repor sua capacidade de trabalho.

Enquanto o autor supracitado faz uma leitura do entretenimento pela psicanálise, Almeida (2004, p.24) faz uma abordagem comportamental a respeito do mesmo assunto, indicando também o que consideramos como interferências da indústria cultural no contexto:

> Se a necessidade é legítima, nem sempre é legítimo o que se oferece para a sua satisfação. O espectador de cinema ou de televisão passeia ingênuo e desarmado, buscando seu prazer em meio a um mercado que não é nem ingênuo, nem desarmado. E é bom que se diga desde logo que o cinema e a televisão não são meios democráticos como a sua intensa difusão popular parece demonstrar.

Uma vez que, na perspectiva marxista, o trabalho tornou-se alienado, o lazer, enquanto atividade possível do tempo livre, poderia ser um tempo para os sujeitos terem práticas humanas e humanizantes. A música enquanto atividade artística seria, então, um dos objetos do lazer, e o sujeito, enquanto executante, intérprete, compositor ou ouvinte, se envolveria nela pela via da fruição.

Continuando a falar das interferências da indústria cultural no lazer e da transformação dele em entretenimento e consumo, no tocante à música, queremos destacar que este lazer, como espaço para experiências formativas, encontra-se, *a priori*, comprometido na sociedade de massas.

Se produção associada a trabalho e não produção associada a entretenimento estão claramente separadas na esfera conceitual – ou no nível actancial –, é frequente que entretenimento e produção se encontrem associados em situações práticas, ainda que esta união ocorra de forma subliminar. Analisando a partir da música, sobretudo da música eletrônica padronizada, observamos que os ritmos, a repetição das estruturas e o emprego de timbres que se assemelham à mecanização podem funcionar como agentes de massificação e condicionamento do indivíduo ao sistema industrial. As festas *rave* e outros eventos oferecidos como diversão não escapam ao caráter de entretenimento semiformador para as massas. Em Zuin (2001, p.13), encontramos referência a essa forma bastante positiva de atuação da indústria cultural no comprometimento do tempo livre, de maneira subliminar:

> Desta feita, é equivocado o pensamento de que, quando abandonamos os locais de trabalho, podemos finalmente desfrutar momentos que permitam fazer com que nos identifiquemos como sujeitos de nossas ações. Cotidianamente repreendemos aqueles que, nessas ocasiões, nos lembram das enfadonhas situações de trabalho que são denominadas por sequências de operações padronizadas. Todavia, esse devaneio se esvaece quando, diante de um olhar mais atento, percebemos que essas mesmas sequências padronizadas estão também nas atividades de lazer, sem que tenhamos consciência disso. Os ritmos binários dos últimos *hits* são facilmente memorizados e fornecem a sensação do eterno retorno a uma eterna banalidade.

Prosseguindo no mesmo sentido, em relação à música e à pressão do cotidiano, Adorno (1986, p.137) diz:

> Elas [massas] buscam novidade, mas a tensão e a monotonia ligadas ao trabalho de fato as levam a evitar o esforço nesse tempo

de lazer, que oferece a única chance para experiências realmente novas. Como um substitutivo, elas imploram por um estimulante. A música popular vem oferecê-lo. Os seus estímulos são respondidos com a inabilidade de se investir esforços no sempre-idêntico. Isso significa mais monotonia. É um círculo que torna a fuga impossível. A impossibilidade de fugir causa a difundida falta de atenção da música popular. O momento de reconhecimento é o da sensação sem esforço.

Temos também uma reflexão que situa a função de fuga alienante para alívio momentâneo do trabalho alienado dentro da sociedade administrada:

> Pobreza e experiência: não se deve imaginar que os homens aspirem a novas experiências. Não, eles aspiram a libertar-se de toda experiência, aspiram a um mundo em que possam ostentar tão pura e tão claramente sua pobreza interna e externa, que algo de decente [asséptico???] possa resultar disso. [...] Ao cansaço segue-se o sonho, e não é raro que o sonho compense a tristeza e o desânimo do dia, realizando a existência inteiramente simples e absolutamente grandiosa que não pode ser realizada durante o dia, por falta de forças. A existência do camundongo Mickey é um desses sonhos do homem contemporâneo. É uma existência cheia de milagres que não somente superam os milagres técnicos como zombam deles. (Benjamin, 1986, p. 118)

O lazer comprometido pelo entretenimento, atualmente, em tudo se assemelha ao sistema industrial: é administrado, ordenado, utiliza equipamentos tecnológicos e não permite a atuação direta do sujeito. Para comparecer a um show, a uma sessão de cinema ou a uma partida de futebol, as pessoas se submetem a filas e, uma vez no local do evento, também se submetem às regras de sua organização: há locais diferenciados para o público no teatro, nos ginásios, em shows e festas. Em grandes festas, pulseiras de cores específicas indicam quanto as pessoas pagaram, quanto podem desfrutar do evento e por onde podem transitar.

Referimo-nos às aglomerações pacíficas e organizadas em torno do entretenimento que a indústria cultural legitima pela espetacularização da popularidade:

> [...] a popularidade de cantores ou atores, dentro de espaços fechados – um estádio, um canal de televisão –, com um princípio e um fim programados, em horários precisos, é uma espetacularidade controlada; mais ainda se essa repercussão massiva se dilui na transmissão organizada dos televisores dos lares. O que há de teatral nos grandes *shows* se baseia tanto na estrutura sintática e visual, na grandiloquência do espetáculo, quanto nos índices de audiência, na magnitude da popularidade; mas trata-se de uma espetacularização quase secreta, submersa finalmente na disciplina íntima da vida doméstica. O povo parece ser um sujeito que se apresenta; a popularidade é a forma extrema da representação, a mais abstrata, a que o reduz a um número, a comparações estatísticas. (Garcia Canclini, 1997, p.260)

Seria oportuno refletirmos sobre o fato de as pessoas se submeterem voluntariamente a uma organização tão rígida. Teriam as massas introjetado as promessas do entretenimento como alívio, a ponto de sentir que, para sobreviver ao cotidiano, dependem das sensações oferecidas pela diversão? Ou ainda, é possível que façam uma consideração valorativa, pela qual entendam merecer o entretenimento, como compensação e recompensa pelo esforço do trabalho? Se assim for, podemos observar um outro fenômeno na objetivação, exploração e uso do tempo livre, que é sua transformação em mercadoria, transformando, por sua vez, o sujeito em consumidor. De todas as formas, estão prejudicadas as possibilidades de práticas musicais com caráter artístico e a participação dos sujeitos a ponto de, a partir delas, criarem pela transcendência da arte a ruptura da realidade dada, uma vez que

> Em primeiro lugar, a indústria cultural favorece naturalmente, no domínio da cultura em geral e no da música em particular, o

desenvolvimento desmedido da tendência de apenas consumir, em detrimento de um autêntico *ato de musicar*. [...] É através do consumo em massa de produtos culturais oficialmente promovidos e divulgados pela *mass media* que se consegue refrear o desenvolvimento natural da cultura popular, impedindo-se que esta venha a adquirir a potencialidade de contribuir efetivamente para a emancipação das classes populares. (Schurmann, 1990, p.181)

É bastante evidente que a oferta de produtos relacionados ao entretenimento se organiza também por diferenças de preço, seguindo a mesma lógica capitalista que separa ou agrupa as pessoas segundo o poder de compra. Em relação à música, o consumo dos produtos culturais e as práticas musicais também estão condicionados a esse poder. As mercadorias para uso do tempo livre, oferecidas indistintamente como lazer, entretenimento e até mesmo agregando o significado de saúde – como as academias de ginástica nas mais diversas modalidades –, em nada diferem do comércio em geral, e a isso agregam ainda um traço da sociedade contemporânea: objetificação da sensação e transformação desta em mercadoria. Novamente, notamos que a tecnologia se faz presente nas formas contemporâneas de busca pelo prazer:

> Os símbolos de prestígio que são menos encontrados na cultura clássica (livros, quadros, concertos) são transferidos aos bens tecnológicos (computação, sistemas), ao equipamento doméstico suntuoso, aos lugares de lazer que consagram a aliança das tecnologias avançadas com o entretenimento. (Garcia Canclini, 1997, p.357)[6]

Podemos conceber a opressão que paira sobre a sociedade de massas em duas direções: descendente e ascendente. No primeiro caso a pressão/opressão é realizada pela alienação e pela exploração do homem pelo capital. Já no sentido ascendente é a própria

---

6 Utilizamos esta citação com abordagem semelhante no Capítulo 4, "Loteamento do espaço sonoro".

sociedade que demanda pela pressão/opressão na forma de instrumentos de dessensibilização que lhes anestesiem as consciências, ainda que temporariamente. De maneira análoga à resistência que o organismo biológico desenvolve a determinadas drogas, a dose de estímulo que a princípio causou a sensação que levou à distração e ao relaxamento precisa ser aumentada, uma vez que estamos falando de sensações promovidas de fora pra dentro do sujeito, estando ele restrito ao papel de consumidor/receptor passivo. O entretenimento como ocupação do tempo livre cumpre a função de

> [...] entorpecer e cegar os homens da moderna sociedade de massa, ocupar e preencher o espaço vazio deixado para o lazer, para que não percebam a irracionalidade e injustiça do sistema capitalista. Assim sendo, preenche sua função de seduzir as massas para o consumo, com "promessa e felicidade", transformando o consumidor em um individuo acrítico e inconsciente. (Medrano; Valentim, 2002, p.77)

Em Franco (2002, p.59), encontramos o conceito de "cultura da adrenalina", que trouxemos para estruturar nossa análise sobre o processo de dessensibilização e da necessidade de estímulos cada vez maiores. O autor fala na "sensação" e no "choque" como bens de consumo orientados para treinar as pessoas a reagirem de determinados modos. Esses treinamentos acompanham grande parte dos produtos para entretenimento (jogos eletrônicos, esportes radicais e tecnologia virtual) e teriam sido desenvolvidos inicialmente para uso militar, mas passam a ser úteis para formar um exército civil, que suporte e obedeça ao sistema. Não apenas isto: o treino pelo entretenimento com a oferta de sensações vem, ainda, para substituir a experiência pela vivência, porquanto aquela ficou inviabilizada pela precarização do tempo. O autor nos diz:

> O que, enfim, podemos chamar de "vivência" (*Erlebnis*), que se contrapõe à "experiência" (*Erfahrung*)? Vivência é, por assim dizer, a experiência degradada, à qual estão condenados os indivíduos

isolados, atomizados, por imposição da organização industrial do trabalho e da própria sociedade que o sustenta. A vivência é dada àquele que não dispõe de tempo para assimilar os estímulos exteriores mas, ao contrário, é obrigado a responder, instantaneamente, a tais estímulos ameaçadores, os quais, por seu ímpeto e fugacidade, impedem o sujeito de assimilá-los, de sedimentá-los e, deste modo, de se apropriar deles na forma de conhecimento acumulado, como ocorre na experiência. Vivência é, assim, se não um fenômeno completamente original e inusitado, típico da moderna sociedade burguesa. (ibidem, p.59)

O entretenimento traz hoje enquanto mensagem estética a lógica da barbárie e, enquanto forma, o choque. Nas palavras de Marcuse (1973, p.111):

E hoje, que linguagem possível, que imagem possível será capaz de esmagar e hipnotizar corpos e mentes que vivem em coexistência pacífica e tirando até lucro do genocídio, da tortura e do envenenamento? [...] O público, mesmo o público "natural" das ruas, não se familiarizou há muito com os ruídos violentos, os gritos, que são o equipamento diário dos meios de comunicação de massa, dos esportes de multidão, das estradas, dos lugares de recreio? Eles não rompem a familiaridade opressiva com a destruição; reproduzem-na.

A dessensibilização na sociedade contemporânea não é tão somente consequência do processo descrito. Pode a isso somar-se o fenômeno do desencaixe do tempo (Giddens, 1991). As diferenças de tempo, antes de alguma forma mantidas em proporções regulares – em relação ao espaço, ao estar no espaço e ao tempo de deslocamento do homem em espaços onde estaria para ter as experiências –, foram sobremaneira relativizadas, pelas possibilidades da comunicação virtual e pela rapidez dos meios de transporte. Desta feita, chamamos de espacialização do tempo o fenômeno contemporâneo no qual o tempo passa a ser o espaço para as experiências que continuam a ser componentes da vida individual e grupal. Contudo, pensamos que a psique humana continua a prescindir de tempo para elaboração das experiências, devido ao caráter subjetivo e de constante ressignificação que elas possuem. Pela grande oferta de muitas e variadas experiências no tempo espacializado, estas deixam de ter o caráter de experiências enquanto *Erfahrung*, e degeneradas se reduzem a vivências, enquanto *Erlebnis*.

Vem ao encontro dessas reflexões o crescente uso na música de elementos que, conforme indicam as pesquisas em neuropsicologia,[7] são facilmente percebidos, de forma a agudizar o processo de reconhecimento dos padrões musicais, e assim potencializar a resposta pré-programada que se espera do ouvinte.

Contudo, a resposta pré-programada dos sujeitos não depende apenas da medida de elementos artísticos, ou das distorções e padronizações destes enquanto conteúdos do objeto apreciado. Pensamos que a mesma manifestação estética – no caso, até mesmo uma genuína obra de arte – adquire significados de experiência ou de vivência, na recepção do sujeito, a depender da condição para a apreciação em que este se encontre:

> [...] as massas procuram na obra de arte *distração*, enquanto o conhecedor a aborda com *recolhimento*. Para as massas, a obra de arte seria objeto de diversão, e para o conhecedor, objeto de devoção. Vejamos mais de perto essa crítica. A distração e o recolhimento representam um contraste que pode ser assim formulado: quem se recolhe diante de uma obra de arte mergulha dentro dela e nela se dissolve [...] A massa distraída, ao contrário, faz a obra de arte mergulhar em si, envolve-se com o ritmo de suas vagas, absorve-a em seu fluxo. (Benjamin, 1986, p.192-3)

Talvez – vindo a calhar este pequeno jogo de palavras que exploramos entre lazer e laser – a redução do lazer ao entretenimento e a estreita relação deste com produtos que envolvem tecnologia

---

[7] Ver Capítulo 3, "Padronização, repetição e reconhecimento".

expliquem, em parte, por que cerca de 80% dos vestibulandos confundiu os termos.

Devaneio musical

(Esta reflexão romantizada sobre o caipira é dedicada a Alessandro Fraga, nosso grande incentivador e exemplo de pesquisador acadêmico, que pegou o seu *Trenzinho do caipira* e foi cedinho pro céu, onde deve estar, "tocando viola de papo pro á")

Sabe o caipira na sua descrença ante o moderno, mais do que todos, resistir ao capitalismo e seus ardis. É ele o último guerrilheiro cujo preço da militância é seu estilo de vida. Militância ensimesmada, sem alarido, sem desabafo e até sem necessidade disso, porque permanecendo à margem da sociedade se põe à margem da opressão, quiçá acima dela, e por isso ao ceticismo jeca acompanha também o costumeiro desdém: a tudo quanto nos ilude e não podemos viver sem.

Não quero outra vida pescando no rio de Gereré
Tem peixe bom, tem siri-patola que dá com o pé
Quando no terreiro é noite de luá
E vem a saudade me atormentá
Eu me vingo dela tocando viola de papo pro á

Se compro na feira, feijão, rapadura, pra que que eu vou trabaiá
Sou filho do homem, o homem não deve se atormentá
Quando no terreiro é noite de luá
E vem a saudade me atormentá
Eu me vingo dela tocando viola de papo pro á

(Carvalho; Mariano, *De papo pro á*, 1931)

Fim do devaneio musical

Aporia da arte

Devaneio musical: Adorno e Paulinho da Viola

A cultura [...] vive da insatisfação, do anseio, da fé, da dor, da esperança, em suma, vive do que não existe, mas que deixa suas marcas na realidade. Isso significa, porém, que a cultura vive da infelicidade.

(Theodor Adorno, 1998)

Vem, quando bate uma saudade triste, carregado de emoção
Qual aflito quando o beijo já não arde
No reverso inevitável da paixão
Quase sempre um coração amargurado pelo desprezo de alguém
É tocado pelas cordas de uma viola, é assim que um samba vem
Quando um poeta se encontra sozinho num canto qualquer do seu mundo
Vibram acordes, surgem imagens, soam palavras, formam-se frases
Mágoas, tudo passa com o tempo
Lágrimas são as pedras preciosas da ilusão
Quando surge a luz da criação no pensamento
Ele trata com ternura o sofrimento e afasta a solidão

(Viola, *Quando bate uma saudade: solução para a vida, molejo dialético*, 1991)

Fim do devaneio musical

Discorreremos aqui sobre dois aspectos que contribuem para a abolição da autonomia das artes, que são a expropriação dos movimentos artísticos pela indústria cultural e a administração da força de ruptura das artes pela industrialização da cultura.

Existem formas de resistência artística que se manifestam de maneira bastante contraditória, uma vez que se situam dentro de produtos da própria indústria cultural. Schurmann (1990, p.36) afirma: "Embora dominada, e restringindo-se frequentemente a reproduzir à sua maneira a cultura dominante, está sempre inerente à cultura popular a tendência a se emancipar". Uma vez que a arte sempre está, de alguma forma, sob o influxo da sociedade, ela se torna ao mesmo tempo prisioneira e baluarte de libertação. Adorno (1986, p.93) sugere que a arte nunca é plenamente o que gostaria de ser: "A autonomia das obras de arte, que, é verdade, quase nunca existiu de forma pura, que sempre foi marcada por conexões causais, vê-se no limite abolida pela Indústria Cultural".

A relação entre arte e engajamento político não é uma obrigatoriedade, mas de alguma forma o valor artístico representa potencialmente uma posição política, uma vez que a mensagem estética possui um caráter ético. Ao abordar essa questão no campo da literatura, Benjamin (1986, p.122) afirma que

[...] a tendência de uma obra literária só pode ser correta do ponto de vista político quando for também correta do ponto de vista literário. Isso significa que a tendência politicamente correta inclui uma tendência literária. Acrescento imediatamente que é essa tendência literária, e nenhuma outra, contida implícita ou explicitamente em toda tendência política que, *correta*, determina a qualidade da obra. Portanto, a tendência política correta de uma obra inclui sua qualidade literária, porque inclui sua *tendência* literária.

Retomamos aqui a discussão sobre a dominação cultural e sobre a deslegitimação que a cultura popular sofre, ao ser absorvida pela indústria cultural[8] e divulgada em forma de produtos padronizados, no caso deste estudo, em forma de músicas padronizadas. Percebemos que, mesmo nessas condições, a música popular conserva certa

---

8 Já tratada no Capítulo 1.

capacidade crítica; ainda que usando elementos estéticos padronizados, ela guarda um impulso para a reflexão e para a libertação. Caso bastante ilustrativo é o da música *A melhor banda de todos os tempos da última semana*, lançada no ano de 2001 pelo grupo pop Titãs, abordando a imposição de padrões pela indústria cultural sobre as massas e a assimilação musical pelo processo de repetição:

> [...] A melhor banda de todos os tempos da última semana / O melhor disco brasileiro de música americana / O melhor disco dos últimos anos de sucesso do passado / O maior sucesso de todos os tempos entre os dez maiores fracassos / Não importa a contradição / O que importa é televisão / Dizem que não há nada a que você não se acostume / Cala a boca e aumenta o volume então / As músicas mais pedidas / Os discos que vendem mais / As novidades antigas / Nas páginas dos jornais [...]
> (Britto; Mello, *A melhor banda de todos os tempos da última semana*, 2001)

A mensagem explicitada na letra da canção vai ao encontro da teoria que denuncia o processo de criação e assimilação de sucessos musicais.

> Um ouvinte não vai aguentar que se toque repetidamente uma canção no piano. Tocada, através das ondas do rádio, ela é tolerada com alegria durante todo o seu tempo de sucesso. O mecanismo psicológico aqui envolvido pode ser pensado como funcionando do seguinte modo: se uma música é tocada sempre de novo no rádio, o ouvinte começa a pensar que ela já é um sucesso. Isso é fomentado pelo modo como canções promovidas são anunciadas nas estações de rádio, frequentemente com a seguinte forma característica: "Agora você vai ouvir o último sucesso do momento". A própria repetição é aceita como um sinal de sua popularidade. (Adorno, 1986, p.135-6)

Confrontando a canção supracitada dos Titãs, que usam um sistema de composição padronizado, com a também supracitada afirmação de Benjamin (1986, p.122) sobre a relação entre tendência política e qualidade artística, como entender a denúncia que a canção faz de aspectos que ela mesma contém? Encontramos uma possível resposta em Garcia Canclini (1997, p.361). Segundo o autor, existe uma categoria de:

> [...] artistas anfíbios [...] capazes de articular movimentos e códigos culturais de diferentes procedências. Como certos produtos teatrais, como grande parte dos músicos de *rock*, eles mostram que é possível fundir as heranças culturais de uma sociedade, a reflexão crítica sobre seu sentido contemporâneo e os requisitos comunicacionais da difusão maciça.

Dada a presença ostensiva, diríamos a onipresença, da indústria cultural, é plausível considerarmos o que isso significa para a autonomia da arte no amplo cenário cultural, e perguntarmos até que ponto a prática dos artistas anfíbios fica também comprometida. Também no mesmo autor encontramos uma pertinente diferenciação entre ação cultural e atuação cultural, que nos serve para avaliar os limites e as possibilidades das manifestações artísticas enquanto agentes de transformação da sociedade:

> Essa eficácia simbólica limitada conduz a essa distinção fundamental para definir as relações entre o campo cultural e o político [...]: a diferença entre *ação* e *atuação*. Uma dificuldade crônica na avaliação política das práticas culturais é entender estas como ações, ou seja, como intervenções efetivas nas estruturas materiais da sociedade. [...] Espera-se que os expectadores [sic] respondam às supostas ações "conscientizadoras" com "tomadas de consciência" e "mudanças reais" em suas condutas. Como isso não acontece quase nunca, chega-se a conclusões pessimistas sobre a eficácia das mensagens artísticas. (Garcia Canclini, 1997, p.350)

Por esse autor entendemos que, no tocante às intenções políticas, as ações artísticas não produzem, de forma precisa, as atuações desejadas. Em vez disso, a atuação da arte na sociedade se dá de modo impreciso e avesso a qualquer controle, e essa porção de atuação da arte é justamente seu poder expressivo de desafiar a realidade existente e apontar possibilidades de realidades não existentes, de criar e mostrar certa realidade, imaginando e perguntando como a realidade poderia ser. Sobre esse potencial de expressão do imaginário e das aspirações utópicas, Mattos (1993, p.110) diz que: "A arte possui um tônus revolucionário especial: não pode mudar a sociedade, mas é capaz de transformar a consciência daqueles que modificam o mundo. Isso porque indica um 'princípio de realidade' incompatível com a coerção política e psíquica". A problemática de se pretender dirigir a atuação da ação artística estaria em instrumentalizar esse tônus revolucionário, de modo a comprometer a própria autonomia da arte. Nesse sentido, Garcia Canclini (1997, p.34-5) refere-se a Habermas, que:

> Ao examinar Marcuse e Benjamin anotou que a superação da autonomia da arte para cumprir funções políticas poderia ser nociva, como ocorreu na crítica fascista à arte moderna e em sua reorganização a serviço de uma estética de massa repressora; na crítica recente aos pós-modernos aponta que o esteticismo aparente despolitizado das últimas gerações tem alianças tácitas, e às vezes explícitas, com a regressão neoconservadora.

Dialogando com o autor supracitado, trazemos a seguinte afirmação:

> Eis, aí, a função anti-industrial da arte, ou a função artística da arte: criar, provocar, sugerir, excitar um contraste potente entre a realidade tal como hoje está e tal como deveria estar; um confronto entre o real provisório e o ideal da plena humanização, da experiência formativa (*Bildung*). (Ramos-de-Oliveira, 2003, p.121)

Constatamos que a arte é de fato aporética, porque, embora a lógica de sua estética seja imanente à liberdade, essa lógica não pode ser objetivamente utilizada para o mesmo fim cujo poder encerra (fim libertário pelo poder libertário). A arte tem uma função libertadora, mas cabe exclusivamente a ela a autonomia sobre essa função, e, embora tendo repercussões políticas, sua forma de atuação é artística e não política. Nesse sentido, podemos dizer em relação ao sentido político da arte que

> [...] sua situação é aporética: a arte só obtém autonomia ao se opor à inércia do sistema ideológico. Ao fazê-lo contudo ela se perverte em "ideologia de oposição", unindo-se àquilo que procura combater. [...] Frequentemente, segundo Adorno, os movimentos revolucionários cometem os mesmos erros que a consciência reacionária. (Jimenez, 1997, p.98)

A arte não é por si revolucionária, mas mostra o quanto queremos e podemos mudar. Dizer que os problemas da sociedade seriam superados somente pela arte equivaleria a ignorar o panorama cultural da Alemanha nazista. Mas o vislumbre da transcendência da realidade é algo que ocorre, de forma poderosa, nos processos artísticos, que podem ser instrumentos para a reflexão e para a liberdade.

Constatamos assim que, mesmo envolvidos pela padronização musical da indústria cultural, alguns músicos compreendem e contestam o processo de padronização e de massificação, o que nos remete à aporia da arte e nos indica a impossibilidade de afirmar que todos os produtos da indústria cultural cumprem necessariamente uma função de obliteração da capacidade crítica.

A arte se manifesta dentro de uma sociedade formada por possibilidades e limitações que, concomitantes aos elementos artísticos, geram a aporia da arte. Neste conjunto temos o artista-criador, cujo processo de criação artística se faz pela sublimação. O processo artístico que abarca o conhecimento de uma realidade dada e o desejo de ruptura desta realidade é assim descrito:

> A arte desafia o princípio de razão predominante; ao representar a ordem da sensualidade, invoca uma lógica tabu – a lógica da

gratificação, contra a da repressão. Subtendido na forma estética sublimada, o conteúdo ao sublimado transparece: a vinculação da arte ao princípio do prazer. A investigação das raízes eróticas da arte desempenha um importante papel na psicanálise; contudo, essas raízes estão mais na obra e função da arte do que no artista. A forma estética é forma sensual – constituída pela *ordem de sensualidade*. Se a "perfeição" do conhecimento sensorial for definida como beleza, essa definição ainda conterá uma conexão íntima com a gratificação instintiva, e o prazer estético ainda será prazer. (Marcuse, 1969, p.165)

Dentro da relação entre intenção libertária, imanente à arte, e expropriação dos sentidos políticos dos movimentos artísticos pela indústria cultural, observamos que a fase inicial de cada movimento artístico é caracterizada por um impulso para a ruptura dessa relação de expropriação e manipulação. Nas artes em geral observamos haver um ciclo, que, de maneira esquemática, definiríamos como o percurso de um grupo de manifestações estéticas associadas, desde o seu surgimento com o caráter de novidade (vanguarda),[9] até sua absorção e apropriação pela indústria cultural, encerrando com sua obsolescência, para ser sucedido por um novo grupo de manifestações estéticas. Mas esse percurso não é formado somente por elementos artísticos, ao contrário, sofre ação direta da indústria cultural. Nesse aspecto, pensamos que os estilos musicais do rock e, mais contemporaneamente, do pop, do funk e do axé se enquadrem, em alguma medida, no percurso de desvirtuamento do poder de ruptura, ou melhor, na administração desse poder pela indústria cultural. Medaglia (1988, p.319-20), no capítulo significativamente intitulado "Rock: aids da música atual", aponta a indústria cultural como desvirtuadora artística do rock: "[...] a forte indústria cultural de hoje. Essa grande máquina eletrônica que se encarrega

---

9 Usaremos indistintamente as palavras *vanguarda* e *estilo*, sempre que esta representar um *novo estilo*. Contudo, entendemos que, para o estudo das artes, o conceito de vanguarda refere-se a um movimento artístico mais amplo, que pode, por sua vez, abrigar diversos estilos, desde que estes se coadunem com os aspectos de novidade típicos da vanguarda em questão.

da circulação ágil de ideias pode também, com seu poderio, exercer uma ação castradora como ocorreu com o rock em todos os países do mundo". O autor prossegue dizendo que:

> A ausência de um grupo ou personalidade forte e dinâmica nesse momento, aliada à expansão do mercado, facilitou a padronização dessa música. Destituído de qualquer motivação de natureza cultural, técnica, musical, sociopolítica, comportamental, ou seja lá o que for, o rock tornou-se uma manifestação inteiramente "descontextualizada". [...] Essa grosseira e repetitiva máquina roqueira que impiedosamente martela em todos os meios de comunicação, não só acabou criando uma dependência psicológica – semelhante à do tóxico – como, por ser inteiramente destituída de qualquer motivação, condiciona um tipo de absorção passiva. Em outras palavras, torna o adolescente atual o mais careta das últimas gerações, já que um de seus mais fortes motos vitais não o leva a nenhuma ação criativa ou reflexiva. Esse rock é, ao contrário, bloqueador, instrumento de imbecilização coletiva. (ibidem, p.325-6)

Os estilos musicais do rock, do pop, do funk e do axé surgiram reivindicando para si próprios o mérito de novidade, de novas formas de ver e mostrar o mundo. Contudo, vimos que sua crescente divulgação não promoveu, na mesma medida, as ideias que influenciaram o seu surgimento. Admitindo que esses estilos representem, a princípio, manifestações genuínas de arte, é também conveniente notar a modificação acarretada pela forma como essas manifestações artísticas são divulgadas para além de suas fronteiras de origem.

Os artistas garantem realmente o domínio sobre seu campo? Quem se apropria de suas transgressões? Ao aceitarem os ritos de egresso, a fuga incessante como a maneira moderna de fazer arte não legitima o mercado artístico e os museus não submetem as mudanças a um enquadramento que as limita e controla? Qual é, então, a função social das práticas artísticas? Não lhes foi atribuída – com êxito – a tarefa de representar as transformações sociais, de ser o palco simbólico onde acontecem as transgressões, mas dentro de instituições que limitam sua ação e eficácia, para que não perturbem a ordem geral da sociedade? (Garcia Canclini, 1997, p.50)

Desvirtuar o poder de ruptura da arte é também uma descaracterização do processo de produção artística, adaptando-o ao modo de produção industrial, porque:

> A indústria tem como uma de suas normas não correr riscos enquanto a arte é, por natureza, uma ousadia infinda. [...] Aquele choque que a arte nos traz em seus grandes momentos, aquele choque agressivo que nos vira de fora pra dentro e de dentro pra fora não combina com a indústria cultural, que só percorre caminhos já percorridos e desgastados, tornados reafirmação do já afirmado. A indústria cultural se alimenta do obscurecimento do real. E também do fechamento das esperanças utópicas. E se alguma manifestação se abre com ares de renovação, de bafejos artísticos, a indústria cultural se não puder eliminá-la pelo ridículo ou por outras artimanhas, a integrará em seus produtos. (Ramos-de--Oliveira, 2002, p.137-8)

Ampliando o campo de visão da análise acima, passamos a considerar a expropriação das vanguardas artísticas pela indústria cultural, observando que uma das formas de descaracterizar o desejo de superação da realidade é pervertê-lo/revertê-lo em mera exibição da realidade,

> [...] que faz da miséria um objeto de consumo. Comentando agora "A Nova Objetividade" como movimento literário, darei um novo passo, dizendo que ela transformou em objeto de consumo a luta *contra a miséria*. De fato, em muitos casos sua significação política esgotou-se na transformação de reflexos revolucionários, assim que eles afloravam na burguesia, em objeto de diversão, de distração, facilmente absorvíveis pelos cabarés das grandes cidades. O que caracteriza essa literatura é a metamorfose da luta política, de

vontade de decidir em objeto de prazer contemplativo, de meio de produção, em artigo de consumo. (Benjamin, 1986, p.130)

Pensamos que esse desvirtuamento está hoje presente em todos os campos da arte, do entretenimento e da comunicação, de modo geral. No Brasil, o movimento da Nova Objetividade se manifestou de forma significativa, nos episódios em que os ícones da música popular brasileira – na época da ditadura política associados à canção de protesto – passavam de uma gravadora multinacional a outra, recebendo luvas de altas quantias e comprometendo sua produção musical. A produção desses músicos perdeu sua força política de contestação da realidade e passou a ser valorizada por uma forma de exibição romântica dessa realidade, conforme indica o autor:

> Assim, de "contestadores", eles se transformam em "beneficiários" do "sistema", resultando provavelmente poucas forças para questioná-lo. A corrupção, a miséria, as mais altas taxas de mortalidade infantil, a criação de uma sub-raça pela desnutrição [...] a Constituição mutretada [...] tudo isso enfim, não faz mais parte do seu universo lírico, intimista, multicolorido e melodioso que cantam, fundo musical composto sob medida para a Ilha da Fantasia em que vivem. Aliás, ao que tudo indica, todos estão jogando no time da situação, fabricando um ópio sonoro sentimentaloide e de efeito letárgico a fim de que as pessoas não despertem e se deem conta de que país é este. (Medaglia, 1988, p.317-8)

Na década de 1960, somava-se à repressão política a divisão dos movimentos musicais, dentro da moderna música popular brasileira, e o surgimento dos novos estilos internacionais: o rock e o iê-iê-iê. Nesse percurso o elemento de protesto, que marcava a canção popular, descaracterizou-se ainda mais:

> Musicalmente – e levando em conta a chegada de novas gerações de jovens da classe média, massificados pela música de consumo internacional [o estilo *rock* na ocasião difundido pelos Beatles] –

a interrupção do processo de criação das canções de participação e de protesto, que ingressava naquele ano de 1968 numa nova etapa e em um novo plano, com o movimento denominado Tropicalismo, serviu para desorganizar de vez o quadro cultural ao nível universitário. (Tinhorão, 1986, p.244)

Pelas considerações realizadas, entendemos que o desgaste dos estilos musicais no cenário contemporâneo se dá pelo processo historicamente tradicional de ruptura e superação dos estilos, mas, sobretudo, pelo desgaste acarretado pela indústria cultural, que transforma em mercadoria os elementos que, inicialmente, representavam a força de ruptura/superação.

As novidades tecnológicas e os altos investimentos econômicos facilitam hoje megaexposições itinerantes de artes visuais, produções editoriais, musicais e televisivas multinacionais, editar tudo com qualidade semelhante e difundi-lo imediatamente no mundo inteiro. Mas deixam pouco espaço e pouco tempo para o risco, a correção e os experimentos sem a garantia de grandes lucros. Dada a parcial regionalização da produção, atenta, até certo ponto, à diversidade do mundo, o mais inquietante da globalização perpetrada pelas indústrias culturais não é a homogeneização do diferente, e sim a institucionalização comercial das inovações, da crítica e da incerteza. (Garcia Canclini, 2007, p.152)

Temos assim reveladas facetas da comunhão de interesses entre forças políticas e indústria cultural, que podem contribuir para a compreensão das especificidades do loteamento do espaço sonoro na nossa sociedade, se considerarmos as consequências da ditadura política no cenário musical contemporâneo. A respeito da associação entre cenário político e entre os meios de comunicação que promovem o loteamento do espaço sonoro, lembramos que

[...] o período dos anos 80 e 90, quando os Estados latino-americanos abriram mão de sua infraestrutura produtiva no campo audiovisual e desistiram de participar das inovações tecnológicas, foi o mesmo em que terminaram as ditaduras militares e se desenrolou [sic] em diversos países os processos de democratização e participação social mais avançados de sua história. Além de se privarem dos meios em que a comunicação de massa crescia, os governos deixaram em mãos privadas – muitas vezes transnacionais – os instrumentos--chave para informar a cidadania e oferecer canais públicos para a sua expressão. (Garcia Canclini, 2007, p.147)

Até aqui constatamos que a indústria cultural se apropria das vanguardas e dos elementos que nelas, inicialmente, compunham seu caráter de novidade, ousadia e risco. Trouxemos esta reflexão por entender que a expropriação sistematizou-se a tal ponto que não ocorre mais de maneira individual, sobre cada um dos novos estilos. Pensamos ter chegado a uma situação extrema, em que a indústria cultural apropriou-se do vanguardismo como um todo, capaz de comprometer o sentido transcendental da arte. Isso justifica nossas preocupações em olhar para os estilos da música popular contemporânea considerando não apenas os próprios estilos, mas também os modos de produção e de veiculação pelos quais alcançam os ouvintes.

Contudo, não obstante tais condições, e, sobretudo, não as subestimando, a arte de modo geral, e a música popular, de modo particular, mesmo com sua força de ruptura enfraquecida, e com seu poder de transcendência comprometido, retêm – aporeticamente – os princípios do desejo transcendente e sublimado na forma estética.

Devaneio musical

Com este samba eu não vou tomar o poder
Com este samba uma revolução não vou fazer
Nem com milhares de sambas eu faria você voltar
pra mim
Mas se você vier e eu puder e se der
Vou cantá-lo mesmo assim
Com este samba, eu não vou mais ganhar dinheiro

> *Com este samba, não vou mudar o Rio de Janeiro*
> *Nem com milhares de sambas eu faria você voltar*
> *pra mim*
> *Mas se você vier e eu puder e se der*
> *Vou cantá-lo mesmo assim*
>
> (Carolina, *Milhares de sambas*, 2006)

Fim do devaneio musical

Conclusão

O loteamento do espaço sonoro – agente da indústria cultural a contribuir para a semiformação e regressão da audição – está presente no espaço escolar e constatamos que, em virtude do modo como acontecem as atividades musicais na escola, esta valida a indústria cultural e ao mesmo tempo é por ela validada, o que nos permite afirmar que, enquanto fenômeno, o loteamento do espaço sonoro ocorre no espaço escolar tanto qualitativa quanto quantitativamente.

Também verificamos a naturalização da escuta compulsória, no processo de dissonância perceptual, e a forma variada como os educadores interagem com o loteamento do espaço sonoro: alguns procuram abaixar o som, outros pedem para desligar, alguns pedem músicas específicas, outros promovem ativamente esse loteamento e ainda, outros fazem o que chamaríamos de uma ação afirmativa/educativa, incluindo músicas em suas práxis, no intuito de ampliar o universo musical dos alunos, como no caso do professor 3.

Ao conceituar teoricamente o fenômeno do loteamento do espaço sonoro, tivemos a sensação de pioneirismo e antecipação em relação à etiologia da problemática levantada. Contudo, na pesquisa de campo tivemos a sensação inversa: de estarmos vivendo uma educação em que os efeitos do loteamento do espaço sonoro já se haviam cristalizado.

Por todo o exposto e por tudo que até o momento este trabalho nos permitiu vivenciar, acreditamos que o loteamento do espaço está onde o homem não está como ator e autor. O loteamento ocorre quando não há silêncio e também quando o ser humano não toca, não canta, ou quando não percebe que é impedido de fazer isto por uma audição involuntária que o faz calar, ainda que sem silenciar.

O loteamento do espaço sonoro é, antes de mais nada, uma ação da indústria cultural de características anti-humanas: tão maquinais, tão inidentificáveis, tão despersonalizadas que não se pode sequer nomear as pessoas que a concretizam. Mas é também tão sistematizada e obediente a esse sistema, de modo tal que seria um grande engano atribuir-lhe anomia.

Tomadas as "cinco reflexões com conceitos fundamentais da Teoria Crítica", enfatizamos que esta pesquisa denuncia a padronização musical que é promovida pela indústria cultural e não a tábua de valores do dialeto musical, na dimensão polissêmica que este assume na cultura multiforme, construído com ela no curso de suas histórias. Mas, considerando a história como o conjunto dos fatos promovidos pelo homem, coube a nós relatar o vilipêndio com o qual o loteamento do espaço sonoro fere a cultura. Se cultura e história estão intrinsecamente relacionadas, podemos – precisamos – relatar o que de anti-humano historicamente se instala. Não sabemos ainda medir os efeitos do loteamento do espaço sonoro sobre a cultura musical, sobre a deterioração dos elementos humanos que a compõem, mas compreendemos a comunhão de valores que existe entre ele e a barbárie.

Ao se consumar por músicas dos meios de comunicação de massa – estes contendo a pseudoindividuação, a segmentação e a terceira programação –, o loteamento do espaço sonoro se torna um dos agentes da indústria cultural hodierna que extingue a possibilidade de haver uma cultura que não seja de massa. A sociedade hodierna está toda, em alguma medida, massificada. Embasados na ideia de uma indústria cultural associada ao capital e aos meios de comunicação, nos será possível olhar para a contemporaneidade e dizer quais camadas estão poupadas da massificação?

A fetichização da produção cultural industrializada e a relação entre música e tecnologia instauram verticalmente, em todas as classes sociais, a recepção da música padronizada como comportamento norteado pelo desejo de consumo, este mais plenamente satisfeito por quem mais poder de consumo tem. Porém, na apologia ideológica a esse tipo de música, tal música se torna eficazmente acessível a toda a sociedade. Seja como objeto de ostentação ou de distinção para sujeitos de *status* social elevado, seja como apanágio e compensação oferecidos para os mais pobres, a música padronizada perpassa a sociedade massificada.

No panorama assim delineado e considerando o caráter aporético da arte, indagamos: como ela conservará a si mesma? Estaremos no início do que seria uma era glacial da música? Onde estão os refúgios para o fazer musical transcendente? Onde estarão sendo mantidas as condições para se criar artisticamente músicas que, de algum modo, em algum momento, sejam restituídas a uma sociedade que a si mesma restitua sua humanidade?

Residem aqui nossas inquietações de pesquisadora e também nossas esperanças de artista.

Devaneio musical

Amanhã será um lindo dia
Da mais louca alegria
Que se possa imaginar
Amanhã, redobrada a força
Pra cima que não cessa
Há de vingar
Amanhã, mais nenhum mistério
Acima do ilusório
O astro rei vai brilhar
Amanhã a luminosidade
Alheia a qualquer vontade
Há de imperar, há de imperar

Amanhã está toda a esperança
Por menor que pareça

Que existe é pra vicejar
Amanhã, apesar de hoje
Será a estrada que surgir
Pra se trilhar
Amanhã, mesmo que uns não queiram
Será de outros que esperam
Ver o dia raiar
Amanhã, ódios aplacados
Temores abrandados
Será pleno, será pleno

(Arantes, *Amanhã*, 1987)

REFERÊNCIAS

ADORNO, T. W. *Teoria estética*. São Paulo: Livraria Martins Fontes, 1970. (Arte e Comunicação).
_____. *Theodor W. Adorno:* sociologia. Org. Gabriel Cohn; trad. Flávio R. Kothe. São Paulo: Ática, 1986. (Grandes Cientistas Sociais).
_____. *Educação e emancipação*. Trad. Wolfgang Leo Maar. São Paulo: Paz e Terra, 1995.
_____. Teoria da semicultura. *Educação & Sociedade*, Campinas, ano XVII, n.56, dez. 1996.
_____. *Prismas:* crítica cultural e sociedade. São Paulo: Ática, 1998.
ADORNO, T. W.; HORKHEIMER. M. *Dialética do esclarecimento*. Rio de Janeiro: Jorge Zahar, 1988.
_____. O fetichismo na música e a regressão da audição. In: ADORNO. T. W. *Textos escolhidos*. São Paulo: Nova Cultural, 1999. (Os Pensadores).
ALMEIDA, M. J. *De imagens e sons:* a nova cultura oral. São Paulo: Cortez, 2004. (Questões da Nossa Época, 32).
ANDRADE. M. *Pequena história da música*. São Paulo: Livraria Martins Editora, 1944.
AMARAL, M. G. T. *O espectro de Narciso na Modernidade:* de Freud a Adorno. São Paulo: Estação Liberdade, 1997.
ARNHEIM, R. *Arte e percepção visual:* uma psicologia da visão criadora. São Paulo: Livraria Pioneira Editora, 1988.
AZANHA, J. M. P. Uma digressão quase-metodológica. In: _____. *Uma ideia de pesquisa educacional*. São Paulo: Edusp/Fapesp, 1992.

BADIA, D. D. A questão paradigmática e suas dimensões. (mimeo)

BENJAMIN, W. *Magia e técnica, arte e política:* ensaios sobre literatura e história da cultura. 2.ed. Brasiliense: São Paulo, 1986. (Obras Escolhidas, 1).

BERTONI, L. M. Arte, indústria cultural e educação. *Cadernos Cedes: indústria cultural e educação*, Campinas, n.54, p.76-81, 2001.

BIGAND, E. "Ouvido afinado". *Viver Mente & Cérebro*, São Paulo, ano XIII, n.149, p.58-63, jun. 2005.

BIKLEN, S. K.; BOGDAN, R. C. *Investigação qualitativa em educação*. Porto: Porto Editora, 1999.

BOURDIEU, P. *Esboço e auto-análise*. São Paulo: Companhia das Letras, 2005.

_____. *A distinção:* crítica social do julgamento. Porto Alegre: Zouk Editora, 2007.

BRASIL. Ministério da Educação, Secretaria de Educação Fundamental. *Parâmetros Curriculares Nacionais – Arte.* V. 6. Brasília, DF, 2001.

COELHO, T. *O que é indústria cultural*. São Paulo: Brasiliense, 1989a. (Primeiros Passos, 8).

_____. *O que é ação cultural*. São Paulo: Brasiliense, 1989b. (Primeiros Passos, 216).

COPLAND, A. *Como ouvir e entender música*. Rio de Janeiro: Editora Artenova, 1974.

CRITELLI, D. M. *Educação e dominação cultural:* tentativa de reflexão ontológica. São Paulo: Cortez, 1981.

CURTÚ, A. B. *Elemento estético:* a padronização na música pela indústria cultural. Bebedouro (SP), 2003. Trabalho de Conclusão de Curso (Graduação em Pedagogia) – Faculdade de Filosofia Ciências e Letras de Bebedouro (Fafibe).

CURTÚ, A. B.; VALENTIM, L. M. S. Da criação à produção e da fruição ao consumo musical: a padronização de elementos estéticos pela indústria cultural. In: BERTONI, L. M.; VAIDERGORN, J. (Orgs.). *Indústria cultural e educação:* ensaios, pesquisa, formação. Araraquara: J. M. Editora, 2003. p.81-98.

EMPRESA LANÇA SOFTWARE QUE PREVÊ SUCESSO DE UMA MÚSICA. *Diário Digital*. 15 mar. 2005. Disponível em: <http://diariodigital.sapo.pt/news.asp?section_id=44&id_news=163104>. Acesso em: 18 nov. 2008.

FON-FON: REVISTA SEMANAL ILUSTRADA. Anúncio da "Victrola". Rio de Janeiro, 1923, n.22, verso da contracapa.

FRANCO, R. De Baudelaire ao *bungee-jump*. In: BERTONI, L. M.; PEDROSO, L. M. (Orgs.). *Indústria cultural e educação (reflexões críticas)*. Araraquara: J. M. Editora, 2002. p.53-70.

_____. Censura, cultura e modernização no período militar: os anos 70. In: VAIDERGORN, J.; BERTONI, L. M. (Orgs.). *Indústria cultural e formação:* ensaios, pesquisa e formação. Araraquara: J. M. Editora, 2003. p.149-72.

FRAYZE-PEREIRA, J. A. Prefácio: por uma obra de arte total. In: CAZNOK, Y. B. *Música:* entre o audível e o visível. São Paulo: Editora Unesp, 2003. p.11-4.

GARCIA CANCLINI, N. *Culturas híbridas:* estratégias para entrar e sair da modernidade. São Paulo: Edusp, 1997.

_____. *A globalização imaginada*. São Paulo: Iluminuras, 2007.

_____. *Leitores, espectadores e internautas*. São Paulo: Iluminuras, 2008.

GIDDENS, A. *As consequências da modernidade*. São Paulo: Unesp, 1991.

GUDIN, E. Entrevista concedida. In: CURTÚ, A. B. *Elemento estético:* a padronização na música pela indústria cultural. Bebedouro (SP), 2003. Trabalho de Conclusão de Curso (Graduação em Pedagogia) – Faculdade de Filosofia Ciências e Letras de Bebedouro (Fafibe).

JIMENEZ, M. *Para ler Adorno*. Rio de Janeiro: Livraria Francisco Alves Editora, 1997. (Série para Ler).

KHALFA, S. Melodia para os ânimos. *Viver Mente & Cérebro*, São Paulo, ano XIII, n.149, p. 70-3, jun. 2005.

LASTÓRIA, L. A. C. N. *Ethos* sem ética: a perspectiva crítica de T. W. Adorno e M. Horkheimer. *Educação & Sociedade*, ano XXII, n.76, p.63-75, out. 2001. Disponível em: <http://www.scielo.br/pdf/es/v22n76/a04v2276.pdf>. Acesso em: 24 jun. 2010.

MAAR, W. L. Introdução. In: ADORNO, T. W. *Educação e emancipação*. Trad. Wolfgang Leo Maar. São Paulo: Paz e Terra, 1995.

MARCUSE, H. *Eros e civilização:* uma crítica filosófica ao pensamento de Freud. Rio de Janeiro: Zahar Editores, 1969.

_____. *Contrarrevolução e revolta*. Rio de Janeiro: Zahar Editores, 1973.

MATTOS, O. C. F. *A escola de Frankfurt*. São Paulo: Editora Moderna, 1993. (Coleção Logos).

MC NALDINHO. Fundador da Furacão 2000, Rômulo Costa, chama de censura a decisão sobre "Um tapinha não dói". *O Globo*, mar. 2008. Disponível em: <http://oglobo.globo.com/cultura/mat/2008/03/28/

fundador_da_furacao_2000_romulo_costa_chama_de_censura_decisao_sobre_um_tapinha_nao_doi_-426580460.asp>. Acesso em: 3 jun. 2008.

MEDAGLIA, J. *Música impopular brasileira*. São Paulo: Global, 1988. (Coleção Navio Pirata).

MADRANO, L. M. O.; VALENTIM, L. M. S. A indústria cultural invade a escola brasileira. In: BERTONI, L. M.; PEDROSO, L. M. (Orgs.). *Indústria cultural e educação (reflexões críticas)*. Araraquara: J. M. Editora, 2002. p.75-81.

NAPOLITANO, M. Escola e indústria cultural: entre o mesmo e o outro. In: BERTONI, L. M.; PEDROSO, L. M. (Orgs.). *Indústria cultural e educação (reflexões críticas)*. Araraquara: J. M. Editora, 2002. p.113-27.

NASSER, N. O *ethos* na música grega. *Boletim do CPA*, Campinas, n.4, p.241-54, jul.-dez. 1997. Disponível em: <http://xa.yimg.com/kq/groups/24960419/1196175542/name/O+Ethos+na+M%C3%BAsica+Grega.pdf>. Acesso em: 10 dez. 2010.

NATUREZA, S. Entrevista concedida. In: CURTÚ, A. B. *Elemento estético: a padronização na música pela indústria cultural*. Bebedouro (SP), 2003. Trabalho de Conclusão de Curso (Graduação em Pedagogia) – Faculdade de Filosofia Ciências e Letras de Bebedouro (Fafibe).

OADQ, H. Al-A. *Hip-Hop Raiz*. In: *Posse Hausa* [panfleto informativo], n.2, 2005.

ORQUESTRA SINFÔNICA DO ESTADO DE SÃO PAULO (Osesp). *Material do curso de apreciação musical da OSESP Itinerante*. Arquivo em PowerPoint. Organização de C. H. Di Giorgi. (Curso realizado no Sesc-Araraquara, em julho de 2008).

OLIVEIRA, M. L. Contribuições da psicanálise para a criatividade. In: ARAÚJO, U. F. *Criatividade, psicologia e conhecimento novo*. São Paulo: Editora Moderna, 2001. p.21-42. (Teorias e Tendências).

PAES, A. B. *Teoria Crítica e multiculturalismo*: aproximação possível? Araraquara, 2007. 12 f. Trabalho final para a disciplina Teoria Crítica e Educação. (Programa de Pós-Graduação em Educação Escolar-Doutorado) – Faculdade de Ciências e Letras de Araraquara (FCLAr), Universidade Estadual Paulista "Júlio de Mesquita Filho" (Unesp).

PALANCA, N. Educação moderna, indústria cultual & barbárie. In: VAIDERGORN, J.; BERTONI, L. M. (Orgs.). *Indústria cultural e formação: ensaios pesquisa e formação*. Araraquara: J. M. Editora, 2003. p.133-47.

PEDROSO, L. A. Indústria Cultural: algumas determinações políticas, culturais e sociais na educação. *Cadernos Cedes: indústria cultural e educação*, Campinas, n.54, p.54-68, 2001.

PUCCI, B. Indústria cultural e educação. In: VAIDERGORN, J.; BERTONI, L. M. (Orgs.). *Indústria cultural e formação:* ensaios, pesquisa e formação. Araraquara: J. M. Editora, 2003. p.9-29.

PUTERMAN, P. *Indústria cultural:* a agonia de um conceito. São Paulo: Perspectiva, 1994. (Série Debates).

RAMOS-DE-OLIVEIRA, N. Do ato de ensinar numa sociedade administrada. *Cadernos Cedes: indústria cultural e educação,* Campinas, n.54, p.19-27, 2001a.

_____. Educação: pensamento e sensibilidade. In: RAMOS-DE-OLIVEIRA, N.; ZUIN, A. A. S.; PUCCI, B. (Orgs.). *Teoria Crítica, estética e educação.* Campinas/Piracicaba: Autores Associados/Editora Unimep, 2001b. p.43-59.

_____. Resistindo à indústria cultural. In: BERTONI, L. M.; PEDROSO, L. M. (Orgs.). *Indústria cultural e educação (reflexões críticas).* Araraquara: J. M. Editora, 2002. p.135-46.

_____. Para não imobilizar o conceito de indústria cultural. In: VAIDERGORN, J.; BERTONI, L. M. (Orgs.). *Indústria cultural e formação:* ensaios, pesquisa e formação. Araraquara: J. M. Editora, 2003. p.115-22.

REIS, M. "Pérolas" do vestibular: alunos e universidades lembram erros deste e de outros anos do concurso. 2 fev. 2008. In: Sala de aula: cotidiano social e educacional. Disponível em: <http://saladeaula.terapad.com/index.cfm?fa=contentNews.newsDetails&newsID=48566&from=archive>. Acesso em: 6 jun. 2008.

SCHURMANN, E. F. *A música como linguagem.* São Paulo: Brasiliense, 1990.

SERÁ SUCESSO? APERTE ENTER. *Jornal da Tarde.* São Paulo, 14 mar. 2003.

SEKEFF, M. de L. *Da música:* seus usos e recursos. São Paulo: Unesp, 2002.

SILVA BATISTA, M. I. F. C. Indústria cultural e ideologia: o primado da heteronomia na configuração das massas. In: BERTONI, L. M.; PEDROSO, L. M. (Orgs.). *Indústria cultural e educação (reflexões críticas).* Araraquara: J. M. Editora, 2002. p.13-28.

TATIT, L. *O cancionista:* composição de canções no Brasil. São Paulo: Edusp, 1996.

TÁVOLA, A. *Diário doido tempo:* crônicas, reflexões, memória. Rio de Janeiro: Civilização Brasileira, 1996.

TINHORÃO, J. R. *Pequena história da música popular.* São Paulo: Art Editora, 1986.

TRIVINOS, A. N. S. *Introdução à pesquisa em Ciências Sociais:* a pesquisa qualitativa em Educação. São Paulo: Atlas, 1987.

VIEILLARD, S. Emoções musicais. *Viver Mente & Cérebro*, São Paulo, ano XIII, n.149, p. 52-7, jun. 2005.

WIGGERSHAUS, R. *A Escola de Frankfurt:* história, desenvolvimento teórico, significação e política. Rio de Janeiro: Difel, 2006.

WISNIK, J. M. *O som e o sentido.* São Paulo: Companhia das Letras, 1999.

WHITAKER. D. C. A. Ideologia e cultura no Brasil: sugestões para uma análise do nosso processo cultural, à luz da Teoria Crítica da sociedade. *Perspectivas*, São Paulo, n.5, p.5-14, 1982.

ZISKIND, H. O som e o sentido: "uma trilha para o som e o sentido". In: WISNIK, J. M. *O som e o sentido.* São Paulo: Companhia das Letras, 1999. p.259.

ZUIN, A. Á. S. Sobre a atualidade do conceito de Indústria Cultural. *Cadernos Cedes: indústria cultural e educação*, Campinas, n.54, p.9-18, 2001.

_____. O processo de industrialização da cultura na sociedade do espetáculo. In: VAIDERGORN, J.; BERTONI, L. M. (Orgs.). *Indústria cultural e formação:* ensaios, pesquisa e formação. Araraquara: J. M. Editora, 2003. p.123-31.

ZUIN A. Á. S; PUCCI B. (Orgs.). *Teoria Crítica, estética e educação.* Piracicaba: Autores Associados, 2001. p.43-60.

Bibliografia consultada

BADIA, D. D. *Imaginário e ação cultural:* as contribuições de G. Durand e da escola de Grenoble. Londrina: Editora UEL, 1999.

BENNETT, R. *Uma breve história da música.* Rio de Janeiro: Jorge Zahar, 1986.

CALADO, C. *O jazz como espetáculo.* São Paulo: Perspectiva/Secretaria do Estado da Cultura, 1990. (Coleção Debates, 236).

CONROY, F. *Corpo e alma.* São Paulo: Companhia das Letras, 1996.

COPLAND, A. *A nova música.* Rio de Janeiro: Record, 1969.

FREITAG, B. *A Teoria Crítica ontem e hoje.* São Paulo: Brasiliense, 1990.

HOARD, W. *A música e a criança.* São Paulo: Summus Editorial, 1984. (Novas Buscas em Educação, 19).

LASTÓRIA, L. A. C. N. *Ética, estética e cotidiano:* a cultura como possibilidade de individuação. Piracicaba: Unimep, 1995.

PAYRESON, L. *Os problemas da estética.* São Paulo: Martins Fontes, 1989.

PEREIRA DE QUEIRÓZ, M. I. Relatórios Orais: do "indizível" ao "dizível". In: VON SINSON, O. de M. (Org.). *Experimentos com histórias de vida: Itália-Brasil*. São Paulo: Vértice, 1998.

REIS, S. L. F. *Educação artística: introdução à História da Arte*. Belo Horizonte: UFMG, 1993.

_____. Elementos de uma filosofia da Educação Musical em Theodor Wiesengrung Adorno. Belo Horizonte: Mãos Unidas, 1996.

SCHAFFER, M. *O ouvido pensante*. São Paulo: Editora Unesp, 1991.

Referências musicais

ANDRÉ; ADRIANO. Beber, cair e levantar. In: *Beber, cair e levantar! 5 anos ao vivo*. Intérpretes: André e Adriano. Rio de Janeiro: Som Livre, 2008. 1 CD-ROM. Letra disponível em: <http://www.cifras.com.br/cifra/andre-e-adriano/beber-cair-e-levantar>. Acesso em: 7 jul. 2008.

ARANTES, G. Amanhã. In: *Guilherme Arantes amanhã*. Intérprete: Guilherme Arantes. Rio de Janeiro: WEA Elektra, 1987. 1 CD-ROM. Letra disponível em: <http://www.musicexpress.com.br>. Acesso em: 20 dez. 2010.

BOSCO, J.; BLANC, A. Plataforma. In: *Tiro de misericórdia*. Intérprete: João Bosco. Rio de Janeiro: RCA Victor, 1977. Long-play. Letra disponível em: <http://cifraclub.terra.com.br/cifras/joao-bosco/plataforma-jhzw.html>. Acesso em: 25 jul. 2008.

_____;_____. O rancho da goiabada. In: *MPB4 & Quarteto em Cy*. Intérprete: Quarteto em Cy. São Paulo: Universal Music, 2002. 2 CDs-ROM.

BRITO, S.; MELLO, B. A melhor banda de todos os tempos da última semana. In: *A melhor banda de todos os tempos da última semana*. Intérprete: Titãs. São Paulo: Abril Music, 2001. 1 CD-ROM.

CAROLINA, A. Milhares de sambas. In: *Dois quartos*. Intérprete: Ana Carolina. São Paulo: Sony BMG, 2006. Letra disponível em: <http://cifraclub.terra.com.br/cifras/ana-carolina/milhares-de-samba-hpggw.html>. Acesso em: 3 jul. 2008.

CARVALHO, J.; MARIANO, O. De papo pro á. In: *Renato Teixeira & Pena Branca e Xavantinho – Ao vivo em Tatuí*. Intérpretes: Renato Teixeira. Pena Branca e Xavantinho. Rio de Janeiro: Karup, 1991. 1 CD-ROM.

CAYMMI, D.; GUINLE, C. Sábado em Copacabana. In: *Maricotinha ao vivo*. Intérprete: Maria Bethânia. Rio de Janeiro: Biscoito Fino, 2002.

2 CD-ROM. Letra disponível em: <http://letras.terra.com.br/maria-bethania/>. Acesso em: 3 jul. 2008.

GUDIN, E.; NATUREZA, S. Doce ato. In: *Vânia Bastos: canta mais*. Intérprete: Vânia Bastos. São Paulo: Velas, 1994. 1 CD-ROM.

HOLLANDA, C. B. A voz do dono e o dono da voz. In: *Almanaque*. Intérprete: Chico Buarque de Hollanda. Rio de Janeiro: Marola Edições Musicais, 1981. Long-play. Letra disponível em: <http://www.chicobuarque.com.br/construcao/mestre.asp?pg=avozdo_81.htm>. Acesso em: 3 jun. 2008.

LIMA, C. É o tchan. In: *Gerasamba: é o Tchan*. Intérprete: Gerasamba. Rio de Janeiro: Polygram, 1995. 1 CD-ROM.

MC NALDINHO. Tapinha. In: *CD Furacão 2000*. Intérprete: MC Naldinho. Rio de Janeiro: Furacão 2000 Produções Artísticas, 2000. 1 CD-ROM. Letra disponível em: <http://promotordejustica.blogspot.com/2008/05/um-tapinha-no-di.html>. Acesso em: 3 jun. 2008.

QUEBRA-BARRACO, T. Dako é bom. In: *Boladona*. Intérprete: Tati Quebra-Barraco. Rio de Janeiro: Line Records, 2004. 1 CD-ROM.

_____. Pikachu. Rio de Janeiro: Line Records, 2005[?]. 1 CD-ROM. Letra disponível em: <http://vagalume.uol.com.br/tati-quebra-barraco.pikachu.html>. Acesso em: 3 jun. 2008.

VELOSO, C.; ALMINO, J. Lisbela. In: *Lisbela e o prisioneiro*. Intérprete: Los Hermanos. Rio de Janeiro: Natasha Records, 2003. 1 CD-ROM.

VIOLA, P. da. Quando bate uma saudade. In: *O essencial de Paulinho da Viola*. Intérprete: Paulinho da Viola. São Paulo: BMG, 1999. 1 CD-ROM.

Referências musicais utilizadas no teste de percepção de timbres

A ARAINHA/1, 2, 3 FORMIGUINHA. In: DOIS A DOIS. TADEU, Eugênio; QUEIROZ, Miguel [Intérpretes]. *Palavra Cantada*: 1998. 1 CD, faixa 10 (1 min 30 s). (Grupo Rodapião).

BEETHOVEN, L. V. Sonata Claire de Lune, 1º Movimento. In: *Músicas Clássicas 2*. Intérprete: Orquestra Digital Tons. Direção geral: Geraldo Suzigan. São Paulo: G4 Editora, 2005. 1 CD-ROM (5 min 43 s) (Músicas Clássicas, 2).

_____. Sonata Claire de Lune, 1º Movimento. In: *Joias da música*. Intérprete: Giuseppe Marinno. Editor musical: Mikel Barsa. São Paulo: Caras. 1 CD-ROM (7 min 25 s). (Os Clássicos dos Clássicos, 1).

O CRAVO E A ROSA. In: *Alegria, alegria, as mais belas músicas da nossa infância*. Organizador: Carlos Felipe de Melo Marques Horta. Belo Horizonte: Editora Leitura, 1999. 1 CD-ROM (1 min 14 s) (CD que acompanha livro homônimo).

PIRULITO QUE BATE-BATE. In: *Pirulito que bate-bate*. Produção e coordenação: Oswaldo Biancardi Sobrinho. São Paulo: Editora Criança Feliz, 2004. 1 CD-ROM (1 min 22 s). (Coleção Criança Feliz. Parte integrante da revista *Sucesso da Música Infantil*, 4).

ROCK OF AGES. In: Acapella/Hymns. Intérprete: Acapella. São Paulo: Bom Pastor, [199-]. 1 CD-ROM (2 min 54 s).

SE ESTA RUA. In: *Músicas folclóricas: para o professor ensinar os alunos a cantar*. Intérpretes: Geraldo Sozigan, Nilza Lacerda. São Paulo: G4 Editora, 2000. 1 CD-ROM (2 min 28 s).

TCHAIKOVSKY. Concerto para piano e orquestra, 1º Movimento. In: *Músicas Clássicas 2*. Intérpretes: Orquestra Digital Tons. Geraldo Suzigan. São Paulo: G4 Editora, 2005. 1 CD-ROM (22 min 41 s).

_____. Concerto para piano e orquestra, 1º Movimento. In: *Joias da música*. Intérprete: Orquestra Sinfônica da Rádio de Berlim. Regente: Gudolff Rendell. Editor musical: Mikel Barsa. São Paulo: Caras. 1 CD-ROM (9 min). (Os Clássicos dos Clássicos, 6).

VIVALDI, A. Quatro Estações: A Primavera. In: *Músicas Clássicas 2*. Intérpretes: Orquestra Digital Tons. Geraldo Suzigan. Direção Geral: Geraldo Suzigan. São Paulo: G4 Editora, 2005. 1 CD-ROM (3 min 29 s). (Músicas Clássicas, 2).

_____. Quatro Estações: A Primavera. In: *Joias da música*. Intérprete: Orquestra Filarmônica de Berlim. Regente: Franz Aaron Kiendrich. Editor musical: Mikel Barsa. São Paulo: Caras. 1 CD-ROM (3 min 28 s). (Os Clássicos dos Clássicos, 1).

Referências das músicas utilizadas no teste de percepção de timbres, na ordem em que foram utilizadas

Música 1, 1ª vez

VIVALDI, A. Quatro Estações: A Primavera. In: *Músicas Clássicas 2*. Intérpretes: Orquestra Digital Tons. Geraldo Suzigan. Direção geral: Geraldo Suzigan. São Paulo: G4 Editora, 2005. 1 CD-ROM (3 min 29 s). (Músicas Clássicas, 2).

Música 1, 2ª vez

_____. Quatro Estações: A Primavera. In: *Joias da música*. Intérprete: Orquestra Filarmônica de Berlim. Regente: Franz Aaron Kiendrich. Editor musical: Mikel Barsa. São Paulo: Caras. 1 CD-ROM (3 min 28 s). (Os Clássicos dos Clássicos, 1).

Música 2, 1ª vez

TCHAIKOVSKY. Concerto para piano e orquestra, 1º Movimento. In: *Músicas Clássicas 2*. Intérpretes: Orquestra Digital Tons. Geraldo Suzigan. São Paulo: G4 Editora, 2005. 1 CD-ROM (22 min 41 s).

Música 2, 2ª vez

_____. Concerto para piano e orquestra, 1º Movimento. In: *Joias da música*. Intérprete: Orquestra Sinfônica da Rádio de Berlim. Regente: Gudolff Rendell. Editor musical: Mikel Barsa. São Paulo: Caras. 1 CD-ROM (9 min). (Os Clássicos dos Clássicos, 6).

Música 3, 1ª vez

BEETHOVEN, L. V. Sonata Claire de Lune, 1º Movimento. In: *Joias da música*. Intérprete: Giuseppe Marinno. Editor musical: Mikel Barsa. São Paulo: Caras. 1 CD-ROM (7 min, 25 s). (Os Clássicos dos Clássicos, 1).

Música 3, 2ª vez

_____. Sonata Claire de Lune, 1º Movimento. In: *Músicas Clássicas 2*. Intérprete: Orquestra Digital Tons. Direção Geral: Geraldo Suzigan. São Paulo: G4 Editora, 2005. 1 CD-ROM (5 min 43 s). (Músicas Clássicas, 2).

Música 4 (única vez)

O CRAVO E A ROSA. In: *Alegria, alegria, as mais belas músicas da nossa infância*. Organizador: Carlos Felipe de Melo Marques Horta. Belo Horizonte: Editora Leitura, 1999. 1 CD-ROM (1 min 14 s) (CD que acompanha livro homônimo).

Música 5 (única vez)

PIRULITO QUE BATE-BATE. In: *Pirulito que bate-bate*. Produção e coordenação: Oswaldo Biancardi Sobrinho. São Paulo: Editora Criança Feliz, 2004. 1 CD-ROM (1 min 22 s). (Coleção Criança Feliz. Parte integrante da revista *Sucesso da Música Infantil*, 4).

Música 6 (única vez)

ROCK OF AGES. In: Acappela/Hymns. Intérprete: Acapella. São Paulo: Bom Pastor, [199-]. 1 CD-ROM (2 min 54 s).

Música 7 (única vez)

A ARAINHA/1, 2, 3 FORMIGUINHA. In: DOIS A DOIS. TADEU, Eugênio; QUEIROZ, Miguel [Intérpretes]. *Palavra Cantada*: 1998. 1 CD, faixa 10 (1 min 30 s). (Grupo Rodapião).

Música 8 (única vez)

SE ESTA RUA. In: *Músicas folclóricas: para o professor ensinar os alunos a cantar*. Intérpretes: Geraldo Sozigan, Nilza Lacerda. São Paulo: G4 Editora, 2000. 1 CD-ROM (2 min 28 s).

SOBRE O LIVRO

Formato: 14 x 21 cm
Mancha: 23,7 x 42,5 paicas
Tipologia: Horley Old Style 10,5/14
Papel: Offset 75 g/m² (miolo)
Cartão Supremo 250 g/m² (capa)
1ª edição: 2013

EQUIPE DE REALIZAÇÃO

Coordenação Geral
Marcos Keith Takahashi